コロナ禍における選挙管理執行の実務

一般社団法人
選挙制度実務研究会 編

JN114237

はじめに

　令和2年1月頃から世界各国で新型コロナウイルス感染症が拡大し、日本においても例外ではなく、この対策のため同年1月30日、政府は内閣府に新型コロナウイルス感染症対策本部を設置しました。国内の感染者数は1月16日の時点での1人から始まり、日増しに増加の一途をたどり、9月5日の時点では国内累計71,138人となっています。

　遡って2月24日には、新型コロナウイルス感染症対策専門家会議から「新型コロナウイルス感染症対策の基本方針の具体化に向けた見解」が示されました。引き続いて25日には「新型コロナウイルス感染症対策の基本方針（令和2年2月25日新型コロナウイルス感染症対策本部決定）」により、政府として、地方公共団体、医療関係者、事業者や関係団体と連携・協力し、国民の協力を得ながら、対策を講じている旨の認識が示されました。翌日26日には安倍総理大臣からの「イベントの開催に関する国民の皆様へのメッセージ」で、この1、2週間が感染拡大防止に極めて重要であるとされ、スポーツ、文化イベント等について中止、延期等を要請するという事態となり、今後の選挙執行への影響が懸念されることになりました。

　新型コロナウイルス感染症が拡大する状況下で、執行が予定される地方選挙の延期を求める声とともに、一歩進めて阪神淡路大震災や東日本大震災の発災時と同様に特例法を制定することにより選挙期日及び任期の延長を求める動きもありました。

　4月7日になって新型インフルエンザ等対策特別措置法第32条第1項に規定する緊急事態宣言が発令されましたが、外出自粛要請中の7都府県で執行される選挙について、安倍総理大臣は4

月17日の国会審議において「住民の代表を決める選挙は、民主主義の根幹をなすものであり、任期が到来すれば、決められたルールの下で次の代表を選ぶのが民主主義の大原則であって、不要不急の外出にはあたらない」という見解を示しました。

　小書は、以上のような前提で、対象地域においても公職選挙法第33条及び第33条の2の規定に基づき地方選挙の執行が義務付けられていることから、今後の選挙執行における危機管理対応の参考に資することを念頭に、新型コロナウイルス感染症対策を踏まえた選挙の管理執行の実務と実際例、Q&Aなどを当研究会の見解に基づき整理したものです。短期間に整理したため、不十分なところも多々あると思いますが、選挙事務関係者の皆様の新型コロナウイルス禍の下における選挙執行の実務の在り方を考えるきっかけとして、いささかでもお役に立てれば幸いとするところです。

　小書の編集に当たっては、多くの実務の現場の皆様から有益な示唆に富む御意見をいただき、とりわけ、実際例につきましては、コロナウイルス禍の厳しい状況の中で、選挙を執行した熊本県選挙管理委員会、静岡県選挙管理委員会、福山市選挙管理委員会及び伊豆市選挙管理委員会から有益な実務資料を提供していただき、掲載いたしました。更に、最近公表された東京都選挙管理委員会のガイドラインも貴重な実際例として参照させていただきました。各選挙管理委員会には、この場をお借りして深甚なる謝意を表するものです。

　令和2年9月

一般社団法人 選挙制度実務研究会

代表理事　小島勇人

目　次

第5章　新型コロナウイルス感染症と選挙管理執行等に関するQ&A

関係資料

第1章
新型コロナウイルス感染症に関する基礎知識

1．新型コロナウイルスとは

　新型コロナウイルスは、一般的な風邪の原因となるウイルスや「重症急性呼吸器症候群（SARS）」、「中東呼吸器症候群（MERS）」ウイルスと同じコロナウイルスの１つで、令和元年12月に中華人民共和国湖北省武漢市で発生した原因不明の肺炎患者から初めて検出されました。その後、新型コロナウイルスの感染は世界各地で拡大し続け、令和２年２月11日、世界保健機関（WHO）は新型コロナウイルス感染症の正式名称を「COVID-19 (coronavirus disease 2019)」と定めました。

　日本でも令和２年１月に初めての感染者が確認されて以降、感染者が急増、令和２年９月までに６万8,000人以上の感染が確認され、死亡者数は1,200人を超えています。

　なお、SARSウイルスは中国南部に生息するキクガシラコウモリが、MERSウイルスは中東やアフリカなどに生息するヒトコブラクダが自然宿主と判明していますが、新型コロナウイルスの自然宿主は令和２年９月現在、まだ確定されていません。

2．新型コロナウイルス感染症の主な症状

　新型コロナウイルス感染症の主な症状は、発熱や咳などの呼吸器症状で、初期の段階では通常の風邪の症状と似ています。発熱や呼吸器症状は1週間前後持続することが多く、強いだるさ（倦怠感）を訴える人も多く報告されています。また、味覚や嗅覚に異常が生じる例も報告されています。一方で、感染しても特に症状が出ない人（無症状）も多いといわれています。

　感染しても比較的軽症のまま回復に向かう人が多い一方、発熱や咳などの症状が出現してから5～8日後くらいで急速に症状が悪化するケースも報告されており、特に、がんなどの基礎疾患を有している人は、発症後数日で急速に悪化する場合もあるため、厳重な注意が必要です。

3．新型コロナウイルスの感染様式

　コロナウイルスはそれ自身で増殖することはできないと考えられており、人や動物の体の粘膜などの細胞に付着してその内部に入り込むことによって増殖するとされています。

　新型コロナウイルスの主な感染様式は、「飛沫感染」と「接触感染」の2つがあり、多数の人が集まる場所に感染した人が出かけることによって、そこで多数の人に一度に感染する「クラスター」（感染者間の関連が確認される集団）が発生するケースも多く報告されています。

① 飛沫感染

感染者の飛沫（くしゃみ、咳、唾液など）と一緒にウイルスが放出され、他の人がそのウイルスを口や鼻などから吸い込んで感染することを「飛沫感染」といいます。なお、WHOからは一般的に5分間の会話で1回の咳と同じくらいの飛沫（約3,000個）が飛ぶと報告されており、閉鎖された空間で多くの人が近距離で会話するような環境では、感染者自身に咳やくしゃみなどの症状がなくても、飛沫により感染を拡大させるリスクがあると考えられています。

② 接触感染

感染者がするくしゃみや咳などを手で押さえ、放出された飛沫の付いた手で周囲の物に触れると飛沫に含まれるウイルスが付着します。未感染者がそれを触ると、感染者のウイルスが未感染者の手に付着し、感染者に直接接触しなくても感染するおそれがあります。これを「接触感染」といいます。物に付着したウイルスは時間が経てば壊れてしまうことがわかっていますが、物の種類によっては一定時間感染力を持ち続けることもあり、新型コロナウイルスは、プラスチックの表面では最大72時間、ボール紙の表面では最大24時間生存する可能性があると報告されています。

4．新型コロナウイルス感染予防の基本

新型コロナウイルスの感染を防ぐには、ウイルスの感染様式である「飛沫」と「接触」を防ぐことが基本です。以下の4点を徹底して、感染を予防することが大切です。

① 咳エチケット

　飛沫感染を防ぐために、職場や電車の中など人が集まる場所ではマスクの着用が推奨されています。咳が出る場合は、たとえ家の中であっても、咳エチケット（咳をする際にマスクを着用する、もしくはハンカチやティッシュ、袖などで口と鼻を覆う）を徹底して飛沫を防いでください。マスクを着用する際は、顔とマスクの間に隙間ができないように口と鼻を確実に覆いましょう。

② 手指洗浄、消毒

　3.②で述べたとおり、物や皮膚の表面に付着したウイルスは一定時間生存して感染力を持ち続けるため、ウイルスが付着した物に触れた手で目や鼻などの粘膜に触ると、そこからウイルスが体内に入り込んでしまうおそれがあります。感染拡大を予防するために、ドアノブや電気のスイッチ、リモコンなど複数の人が触れる可能性があるものは、こまめな消毒を心がけます。この消毒について、厚生労働省では水で薄めた家庭用塩素系漂白剤で拭いた後、水拭きする方法を推奨しています。また、外出からの帰宅後や調理前後などには石鹸でこまめに手を洗うことも大切です。洗っていない手で目や鼻を触らないように注意してください。

③　3密回避

　これまでに集団感染が起きた事例を検証した結果、特に、
　ア．密閉空間（換気の悪い密閉空間である）、
　イ．密集場所（多くの人が密集している）、
　ウ．密接場面（互いに手を伸ばしたら届く距離での会話や共同
　　行為が行われる）、
という3つの条件が当てはまる場では、感染を拡大させるリスク

が高いことが指摘されています。屋内で活動をする際は換気を徹底する、人が密集する場所に行かない、ソーシャル・ディスタンス（社会的距離）を保つなどして、「3つの密」（通称：3密）を避けることが大切です。

④ 不要不急の外出の自粛

　2.で述べたとおり、新型コロナウイルスの感染者の中には、特に何らの自覚症状も出ない人がいます。このため、自身の感染に気づかないまま外出し、人と接している感染者がいることも考えられます。たとえ咳やくしゃみが出なくても、閉鎖空間において相手と近距離で会話するなど一定の条件が揃った場合には、ウイルスが周囲の人に感染してしまう可能性も十分に考えられます。感染者との接触機会を減らし、感染リスクを下げるためには不要不急の外出を控えることが基本的対策といえます。

　なお、第2章以降で述べるとおり、選挙の投票などのために外出することは「不要不急」の外出には該当しないという政府見解が示されています。

（参考）３密防止を呼びかけるチラシ「密閉・密集・密接しない！」（首相官邸HPより）

第2章
新型コロナウイルス感染症発生時の選挙管理委員会の業務

1．基本的な考え方

　選挙管理委員会は、海外及び国内において新型コロナウイルス等が発生した場合には、その発生状況を把握するとともに、原則として各地方公共団体の行動計画に基づいて適切に業務を執行します。

　なお、政府は新型コロナウイルス感染症感染拡大予防の観点から、多数の人が集まるような全国的なスポーツ、文化イベント等の中止や延期又は規模縮小等の対応を要請していますが、選挙の執行については、要請対象であるスポーツ、文化イベント等には該当しません。したがって、原則として新型コロナウイルス感染症の発生している期間において緊急事態宣言が発令されていたとしても、選挙を管理執行しなければなりません。ただし、執行に当たっては公職選挙法等関係法令の規定に従うほか、以下の事項に留意したうえで、各地方公共団体の実情に応じて保健福祉関係部局や危機管理関係部局と緊密な連携をとり、適切な対応を図ることが求められます。

　① 選挙を管理執行する地方公共団体においては、その管理執行

に当たり、政府の「新型コロナウイルス感染症対策の基本方針」（令和2年2月25日新型コロナウイルス感染症対策本部決定）を踏まえ、適切に対応すること。特に、候補者説明会、立候補受付、期日前投票所、投票所及び開票所における事務従事者並びに投票立会人、開票立会人、投票管理者及び開票管理者については、マスク着用、咳エチケットの徹底、手洗い・うがいの実施等に努めること。

　また、選挙人に対しても、投票所におけるマスク着用、咳エチケットの徹底、帰宅後の手洗い・うがい等を呼びかけること。

②　その他の地方公共団体においても、地域での新型コロナウイルス感染症の発生状況を注視するとともに、必要に応じ、住民に対する情報提供、選挙事務従事者が使用するためのマスクの準備等、適切に対応すること。

（令和2年2月26日総行管第76号）

　なお、新型コロナウイルス感染症への感染が懸念される状況は、公職選挙法第48条の2第1項第6号の事由に該当し、期日前投票又は不在者投票を行うことができると解されています。したがって、選挙期日当日の投票所における混雑等を避けるため、積極的に期日前投票又は不在者投票を促すことも重要です。

　また、選挙運動については、「民主主義、国民主権の基礎をなす選挙運動を含む政治活動の自由は最大限尊重されるべきものと考えられることから、公職の候補者や政党がどのような選挙運動を行うかについては、政府の国内感染予防策などを踏まえたうえで、

それぞれの公職の候補者や政党において判断されるべきもの」（令和2年3月4日総行管第94号）とされています。このことから、大規模イベントの自粛要請があるなどの特殊な事情の下で、選挙管理委員会等が法律の規定に基づかないで、何らかの制約を公職の候補者や政党に課すことについては、選挙の公正を確保する観点からも慎重に考えるべきものです。

2．平常時（選挙執行が予定されていない時期）の業務における対応等

（1）応急対応業務

　選挙執行が予定されていない時期に新型コロナウイルス感染症が、当該都道府県内や自らの市町村内において発生した場合、原則的には、これに伴う選挙管理委員会において新たに生じる業務はありませんが、次の（2）で示す「継続業務」の執行がありますので、執行に当たっては、感染防止に特段の配慮と対策が必要です。

（2）継続業務

① 選挙管理委員会の開催

　平常時においても選挙管理委員会には、法定議決事項等があるため、定足数を満たしたうえで、必要最低限の選挙管理委員会を開催しなければなりません。委員が一堂に会するときはマスクの着用、手指消毒などを徹底してから開催してください。

　なお、今回の新型コロナウイルス禍の状況に鑑み、オンライン

形式での委員会開催について、現在その可否が検討されています。

　選挙管理委員会の開催と委員長の専決処分については、別途第3章2.（4）を参照してください（P27）。

② 選挙人名簿の登録・抹消・表示等の業務(在外選挙人名簿を含む。)

　毎年3月、6月、9月及び12月の各月の1日を基準日・登録日として行う選挙人名簿の定時登録（公職選挙法第19条等）、選挙人名簿の表示・訂正等（同法第27条）、登録の抹消（同法第28条）、登録の移替え（公職選挙法施行令第17条）などは、法定業務であるため継続しなければなりません。これらの登録等の議決を行う委員会の開催は、マスクの着用、手指消毒などを徹底したうえで継続することとします。

③ 選挙人名簿抄本の閲覧

　選挙人名簿抄本の閲覧（公職選挙法第28条の2、第28条の3）も平常時における法定業務ですが、この閲覧のために、選挙人、公職の候補者となろうとする者（公職にある者を含む。）、政党その他の政治団体関係者などが外部から事務局に訪れることがありますので、訪れた閲覧者には、マスクの着用、手指消毒などを徹底してもらったうえで、3密にならない場所において閲覧を実施します。

④ 他市町村選挙人の不在者投票

　自らの市町村においては平常時であるため、選挙を執行していなくても、全国のいずれかの市町村においては、任期満了に伴う議会の議員又は長の選挙が執行されており、当該執行に係る市町村の選挙人が公職選挙法施行令第56条の規定による不在者投票

のため訪れることがあります。訪れた選挙人には、マスクの着用、手指消毒などを徹底してもらったうえで不在者投票の事務の対応を実施します。

　また、対応する立会人や事務従事者もマスク着用、手指消毒などを徹底します。

⑤ 裁判員候補予定者及び検察審査員予定候補者の選定

　これらの選定事務は法定業務のため、継続する必要がありますので、日常業務として、マスクの着用、手指消毒などを徹底したうえで継続することとします。

⑥ 直接請求及び住民投票における署名審査

　大規模流行期に地方自治法や住民投票条例に基づく直接請求や住民投票を求めるための署名収集を行うことは考えにくいですが、収集が行われ署名簿が審査のため提出された場合は一定期間内に署名審査等を行わなければなりません。この審査等に当たっては、マスクの着用、手指消毒などを徹底したうえで継続することとします。

⑦ 集会等を伴わない常時啓発事業

　選挙管理委員会の行う選挙に関する制度の周知、選挙啓発等のためにするホームページの更新等の実務は、日常の業務として行いますが、マスクの着用や手指消毒などを徹底したうえで継続することとします。

（3）縮小する業務

　前記（2）の継続業務は当該地方公共団体内での大規模流行期

には、発生状況等を踏まえた当該地方公共団体策定の基本的指針や選挙管理委員会委員及び事務局職員等の出勤状況等を見極め、事務局の体制を縮小するなどして、可能な限り業務を継続することが必要と考えられます。ただし、感染状況等の実態などから物理的に業務の遂行が不可能な場合は、方法の変更や延期等について検討する必要があります。

（4）休止する業務

① 明るい選挙推進協議会関係事業
＜発生早期＞

　明るい選挙推進協議会会長とともに選挙管理委員会と協議のうえ、当該地方公共団体の策定する基本的指針・ガイドラインなどに従って可能であればマスクの着用、手指消毒、3密回避などの感染防止策を十分に行い、事業を継続することとします。

＜大規模流行期＞

　明るい選挙推進協議会会長とともに選挙管理委員会と協議のうえ、当該地方公共団体の策定する基本的指針・ガイドラインなどに従って事業を中止又は延期することとします。

② 常時啓発事業のうち出前授業その他集会等を伴う事業
＜発生早期＞

　明るい選挙推進協議会、選挙管理委員会及び事業関係者と協議のうえ、当該地方公共団体策定の基本的指針・ガイドラインなどに従って可能であればマスクの着用、手指消毒、3密回避などの感染防止策を十分に行い、事業を継続することとします。

＜大規模流行期＞

明るい選挙推進協議会、選挙管理委員会及び事業関係者と協議のうえ、当該地方公共団体策定の基本的指針・ガイドラインなどに従って事業を中止又は延期することとします。

③ 市・区委員長会議等の開催（指定都市選挙管理委員会の場合）

＜発生早期＞

　委員長等と協議のうえ、当該市町村の策定する基本的指針・ガイドラインなどに従って、可能であれば感染防止の対策を十分に行い、会議を開催することとします。

＜大規模流行期＞

　委員長等と協議のうえ、当該市町村の策定する基本的指針・ガイドラインなどに従って、会議を中止又は延期することとします。

④ 選挙事務研修会

＜発生早期＞

　状況が許せば、当該市町村の策定する基本的指針・ガイドラインなどに従って、予定どおり感染防止の対策を十分に行い、開催することとします。

＜大規模流行期＞

　講師・参加者等の参集状況によって、当該市町村の策定する基本的指針・ガイドラインなどに従って、中止又は延期することとします。

第3章

選挙管理執行における新型コロナウイルス感染症対策の基本

1．基本的な考え方

　第2章で述べたとおり、新型コロナウイルス感染症発生時に選挙を管理執行するに当たっては、当該選挙を管理執行する地方公共団体において、政府の「新型コロナウイルス感染症対策の基本方針」（令和2年2月25日新型コロナウイルス感染症対策本部決定、以下「基本方針」）を踏まえ、適切に対応することが求められています（令和2年2月26日総行管第76号）。

　したがって、国内での新型コロナウイルス感染症発生時に選挙を管理執行する際には、原則として基本方針で示されている手洗い、咳エチケット等の対策を徹底しつつ、従前と同様、公職選挙法の規定に基づき選挙が公平かつ公正に執行されるよう努める必要があります。

　選挙の管理執行における感染対策も、基本的には第1章（P 11）で述べた「咳エチケット」「手指洗浄、消毒」「3密回避」が主な柱となります。本章では、実際に今回の新型コロナウイルス感染症発生時に執行された各選挙での実際例を踏まえ、主に投・開票所において実践すべき感染対策のポイントを紹介します。

　なお、以下に示す感染対策を徹底すると同時に、選挙人の皆さんが安心して投票することができるようにするためにも、実践している感染対策の内容を広報紙や防災行政無線、ホームページやSNS、チラシ等で十分に周知することが大切です。

２．感染症対策の基本

（１）選挙事務関係者の健康管理

　万一、選挙期間中に選挙事務関係者やその家族に感染者が出てしまうと、選挙の管理執行体制に支障が出るばかりでなく、感染への不安から投票を控える人が増え、投票率の低下につながってしまうおそれもあります。

　選挙の管理執行に関わる者全員が選挙前から健康管理を徹底し、咳エチケットを守る、手指洗浄と消毒を徹底する、不要不急の外出を控える、３密を避けるなど、責任感を持って感染予防に取り組むことが求められます。また、万一、事務従事中に体調の悪化を感じた場合は、速やかに投・開票管理者に申し出るようにします。

　投・開票管理者は、事務従事者の様子に常に目を配って、随時、うがいや手指洗浄・消毒などを促し、感染予防に努めることとします。

　万一、発熱や体調不良が生じた場合は、決して事務に従事しないよう徹底すべきであり、その旨を文書に明記して事前に事務従事者をはじめ関係者全員に共有しておくべきです。さらに、従事者が感染源のクラスター等が発生しないよう万全を尽くすために

も、交代人員を確保しておくなど突発的な従事者の欠員に備える措置を、あらかじめ取っておく必要があります。

（2）投票所、期日前投票所に係る留意点等

投票所、期日前投票所の設置（不在者投票場所の併設を含む。以下同じ。）に当たっては、選挙人と投票管理者、投票立会人、事務従事者の感染防止を常に念頭に置いて、周到な準備と対策が求められます。

① 大原則としての「３密」（密閉・密集・密接）の防止策

投票所、期日前投票所においては、「３密」（密閉・密集・密接）を防止するため、概ね次の条件を満たすことが必要です。

　ア．投票所の中で選挙人同士の間隔が２ｍ程度（最低でも１ｍ）
　　確保できること。
　イ．窓等があり換気を行えること又は換気扇等の設備を備えて
　　いること。
　ウ．投票所の外等で選挙人が順番待ち等をする間隔が２ｍ程度
　　（最低でも１ｍ）確保できること。

以上の条件を満たす施設を使用することができないときは、「３密」防止とともに飛沫感染防止等の対策について、これまでの他都市における実施例などを参考に、より効果的な方法を工夫することが求められます。また、期日前投票所が設置された部屋等が２階以上の場所にある場合で、やむを得ず狭隘なエレベーターを利用するときは、掲示による周知や職員の誘導により、エレベーター内での「３密」状態が生じないように留意してください。これ

に加えて、エレベーターの入口付近にアルコール消毒液を配置して、訪れた選挙人にその使用を積極的に働きかけるようにします。

② 期日前投票所の増設と開設期間・時間の延長に努める

　当日投票における各投票区の投票所（以下、「当日投票所」という。）及び既存の各期日前投票所の混雑を緩和して、「3密」状態が生じないようにするため、可能な限り、期日前投票所の増設と開設期間・時間の延長を検討します。期日前投票所を2か所以上設置している場合、場所と従事者の確保や期日前投票システムの配置など事情の許す限り、2か所目以降の開設期間・時間を執行する選挙の種類に応じた法定の開設期間・時間の範囲内での延長に努めることとします。

③ 当日投票所等の設置施設の管理者や管轄する保健所・関係部署との連絡体制の構築

　当日投票所及び各期日前投票所（以下、「期日前投票所」という。）を設置する施設内の管理者や管轄の保健所・関係部署との連絡体制を構築して、当日投票所や期日前投票所を設置した施設において、新型コロナウイルス感染者又はこれとの濃厚接触者（以下、「感染者等」という。）が出たことが判明した際の、当該施設の閉鎖、消毒等への対応について、事前に協議を行い、速やかに対応が可能となるよう備えます。

　万一、当日投票における当日投票所及び期日前投票所を設置する施設内において、感染者等が出たことが判明したときは、速やかに管轄する保健所・関係部署と連携して、施設の消毒を実施して、予定どおりに当日投票所や期日前投票所が開設できるよう最大限努め、選挙人の投票に支障のないようにします。

また、当該施設を消毒などの措置を講じても予定どおりに使用できないと見込まれるときは、速やかに、代替施設で投票所が開設できるよう措置することとします。この場合において、投票所の設置施設を変更する投票区の選挙人及び投票管理者、投票立会人その他投票事務従事者には、遺漏のないように速やかに適切な方法で周知してください。なお、この場合、投票所の告示に関する公職選挙法第41条の規定に留意してください。

④ 開票所の設置施設の管理者や管轄する保健所・関係部署との連絡体制の構築

　開票所を設置する施設の管理者や管轄の保健所・関係部署との連絡体制を構築して、開票所の設置施設内において、感染者等が出たことが判明した際の、当該施設の閉鎖、消毒等への対応について、事前に協議を行い、速やかに対応が可能となるよう備えます。

　万一、当該施設内において、感染者等が出たことが判明したときは、速やかに管轄する保健所・関係部署と連携して、施設の消毒を実施して、予定どおりに開票所が開設できるよう最大限努め、開票作業の実施に支障のないようにします。

　また、当該施設を消毒などの措置を講じても予定どおりに使用することができないと見込まれるときは、速やかに、代替施設で開票所が開設できるよう措置することとします。この場合において、開票管理者、開票立会人その他開票事務従事者には、遺漏のないように速やかに適切な方法で周知してください。なお、この場合、開票の場所及び日時の告示について規定する公職選挙法第64条等の規定に留意してください。どうしても開票所とすべき代替施設の手配が困難等の事情があるときは、都道府県の選挙管理

委員会などとともに公職選挙法第73条の規定による繰延開票と
するかどうかについて、検討する必要があります。

（3）選挙管理委員会及び同事務局職員の体制

　選挙の管理執行事務においては、選挙管理委員会委員及び同事
務局職員の体制に万全を期することが、新型コロナウイルス感染
症に対する備えとして不可欠です。

　委員が感染者等であることが判明し、入院又は自宅待機を余儀
なくされるなど、委員会開催の定足数である3人以上の委員を招
集できない場合に備え、委員の補充員との連絡体制を早急に整え
ておくとともに、委員長の専決処分についても検討しておくこと
が適当でしょう。

　また、事務局職員が感染者等であることが判明し、入院や自宅
待機を余儀なくされた場合への対応として、代替する職員の職務
分担や連絡体制を定めておくことにより、業務に支障のないよう
対策を講じておくことが必要です。

　万一、職員の大半が入院や自宅待機を余儀なくされた場合に備
えて、あらかじめ選挙の管理執行事務を経験したことのある職員
と連絡をとったうえで、協力を要請するなど、全庁的な対策を講
じておくことが是非とも求められます。

（4）選挙管理委員会の開催と委員長の専決処分

　選挙管理委員会には、法定議決事項があるため、必要最小限の
委員会は開催しなければなりません。開催の際には、委員、職員
ともマスクの着用、手指の消毒などを徹底したうえで参集し、開

催しなければなりません。

　選挙管理委員会の委員が一堂に会しないで、議事を持ち回りで審議し、決することができるかどうかという問題があります。

　地方自治法第181条の規定により設置される選挙管理委員会については、同法第188条の規定により、選挙管理委員会は委員長がこれを招集することとされており、同法第189条第1項には、選挙管理委員会は3人以上の委員が出席しなければ会議を開くことができないとする定足数についての規定があります。また、地方自治法施行令第137条第1項の選挙管理委員会の委員長に対する専決処分の規定があり、

①　選挙管理委員会が成立しないとき

②　委員会を招集する暇がないと認めるとき

③　地方自治法第189条第2項の規定※による除斥のため同条第3項の規定により臨時に補充員を委員に充ててもなお会議を開くことができないとき

に限り、委員長が専決処分をすることができるとされています。専決処分をしたとき、委員長は次の会議においてこれを委員会に報告し、その承認を求めなければなりません。

※委員長及び委員は、自己若しくは父母、祖父母、配偶者、子、孫若しくは兄弟姉妹の一身上に関する事件又は自己若しくはこれらの者の従事する業務に直接の利害関係のある事件については、その議事に参与することができない。

　したがって、委員が一堂に会しないで、新型コロナウイルス感染症対策として、持ち回り審議をしたいとする考えもあり得ますが、選挙管理委員会においては同法第189条の定足数に関する規定があることから、職員等が議案等の議決案件に係る書類を各委員の所在場所（自宅など）に持ち回って決裁を受けるような審議

は「出席」という概念には当たらず、このような持ち回り審議による方法で選挙管理委員会としての意思決定をすることはできないものと考えられます。

　いわゆる「３密」を回避するため、一堂に会しての会議を開かないのであれば、地方自治法施行令第137条が規定する「委員会が成立しないとき」、又は「委員会を招集する暇がないとき」と認め、委員長の専決処分により対応するのが適当と考えられます。

（5）投票・開票事務従事者等の確保関係

　投票事務（期日前投票、不在者投票を含む。）及び開票事務における従事者の確保は、これらの事務を執行するための必要不可欠な要素です。このことから、感染を避けるための対応策を周到に講じておくことが重要です。

① 投票管理者、投票立会人、投票事務従事者

　従事する予定の投票管理者、投票立会人、投票事務従事者が感染者等であることが判明したとき、又は勤務する当日において、37.5度以上の発熱や体調不良により、感染の疑いがあるときは、投票事務には従事させないこととします。投票管理者については、選任替えをする暇がないときは、その職務代理者が投票管理者の職務を執行することとします。

　投票立会人は、期日前投票所においては２人、当日投票所においては最低人員として２人を確保しなければなりませんので、これらの人数を下回らないよう留意しなければなりません。なお、投票立会人は、その職務の性格上、投票管理者の行う事務には従

事することができないことに留意してください。

　投票事務従事者に欠員が生じた場合には、速やかに代替要員を補充することができるようにする措置として、あらかじめ全庁的な応援が得られるよう要請しておくことにより、人員の確保が速やかにできる体制を整えておきます。また、代替要員には、確実に連絡できるよう連絡体制を整備、確認をしておきます。代替要員の確保に当たっては、半日交代など時間的に柔軟な対応を図ることにより、従事可能な要員の確保に努めます。

　なお、投票管理者及び投票立会人についても、関係規定（公職選挙法施行令第25条、第27条）により、時間単位での交替勤務が可能とされています。

　万一、通常必要となる事務従事者の数を確保できない場合に備えて、新型コロナウイルス感染症対策のため、人員を削減した場合でも投票事務が可能となるよう人員を配置し、その場合の事務分担を準備しておきます。また、他の投票所との間での従事者の融通を図るなど、臨機応変に対応します。

　なお、投票開始時刻の時点で必要な要員が参集できずに、やむを得ず投票を開始した場合において、事務の途中であっても、できる限り速やかに要員の補充に努めます。

② 開票管理者、開票立会人、開票事務従事者

　従事する予定の開票管理者、開票立会人（候補者の届出に係る者を除く。）、開票事務従事者が感染者等であることが判明したとき、又は勤務する開票日当日において、37.5度以上の発熱や体調不良により、感染の疑いがあるときは、開票事務には従事させないこととします。開票管理者については、選任替えをする暇がな

いときは、その職務代理者が開票管理者の職務を執行することと
します。

　候補者の届出に係る開票立会人に対しては、感染者等であるこ
とを理由に辞職を強要することはできませんが、感染の拡大防止
のためには、人身を保護するという観点から開票に立ち会わせる
べきではありません。当該開票立会人が自らの判断によりその職
を辞することを妨げるものではありませんので、「本人の体調不良
等により、新型コロナウイルスに感染したことが懸念される場合
には、その旨の届出後に開票立会人の職を辞することができるこ
とについて」あらかじめ立会人説明会などの場で説明しておくこ
とにより、いざという時に問題のないようにしておくことが適当
です。

　候補者の届出に係る開票立会人が、感染者等又は開票日当日に
おいて、37.5度以上の発熱又は体調不良等、感染の疑いがある中
で、やむを得ずその者を開票所に入場させる場合には、必ずマス
クの着用をさせるとともに、こまめに手洗いとアルコール消毒液
による手指の消毒をしてもらいます。

　開票立会人が定足数の３人以上の参集が見込めない、又は参集
がないときは、所定の選任手続き（公職選挙法第62条第９項）に
より、速やかに３人に達するまで開票立会人の補充選任をします。

　また、開票事務従事者に欠員を生じた場合には、速やかに代替
要員を補充することができるようにする措置として、あらかじめ
全庁的な応援が得られるよう要請しておくことにより、人員の確
保ができる体制を整えておきます。また、代替要員には、確実に
連絡できるよう連絡体制を整備、確認をしておきます。

　万一、通常必要となる事務従事者の数を確保できない場合に備

えて、新型コロナウイルス感染症対策のため、人員を削減した場合でも開票事務が可能となるよう人員を配置し、その場合の事務分担を準備しておきます。また、他の担当事務間での従事者の融通を図るなど、臨機応変に対応します。

　なお、開票開始時刻の時点で必要な要員が参集できずに、やむを得ず開票を開始した場合において、事務の途中であっても、できる限り要員の補充に努めます。

　以上の対応のため、感染の疑い等を速やかに把握することができるように、あらかじめ十分な関係者間の連絡体制を整えておくことが求められます。

（6）当日投票所、期日前投票所、開票所の施設で感染者等が発生した場合の措置

① 施設の閉鎖と消毒の実施

　当日投票所、期日前投票所、開票所を設置する施設（現に期日前投票所を開設している施設を含む。以下同じ）において、感染者等が発生したことが判明した際の施設の閉鎖、消毒等の必要な措置については、事前に管轄する保健所・関係部署と協議を行い、速やかに対応が可能となるよう備えます。特に、連絡体制や選挙管理委員会側での対応内容については、現実に感染者等が発生したことが判明した際に、直ちに対応できるよう確実に調整し、把握しておきます。

② 消毒を実施することによっても当該施設の利用ができない場合の対応

　消毒を実施することによっても、なお当該施設の利用ができない場合については、一般的には次のような対応をすることになります。

　ア．投票所及び開票所については、代替の施設を確保して、投票及び開票を実施します。この場合において、当該市町村等に係る公共施設で代替できる施設の確保が困難な場合には、当該投票区又は開票区の区域外や民間施設も含めて、代替施設を確保することとします。

　　なお、告示日以降に事態が発生したときは、投票所の告示や開票所の告示等に関する公職選挙法第41条、第64条等の規定に留意してください。

　イ．期日前投票所において事態が発生したときは、公職選挙法第48条の２第３項の規定により当該期日前投票所は、閉鎖することとなりますが、新たな期日前投票所の設置や既存する期日前投票所の開設期間・時間の延長については、当該市町村の事情に応じて速やかに判断することになります。

　　なお、告示日の翌日以降に事態が発生して期日前投票所を閉鎖したときは、公職選挙法第48条の２第６項で準用する第41条の規定に留意してください。

③ 選挙人等への必要事項の速やかな周知

　投票所、期日前投票所又は開票所を設置する施設において、感染者等が発生したときは、速やかに、事実関係とともにその後の

対応を報道機関等に公表します。公表に当たっては、事前に都道府県選挙管理委員会に電話等にて一報したうえで、関係部署と公表内容等を調整して可及的速やかに、作成した報道機関への公表資料を都道府県選挙管理委員会に送付して、情報の共有に努めます。

　投票所、期日前投票所を設置する施設を消毒後に使用する場合は、選挙人が感染への不安や懸念を抱かないように、実施している感染の防止に係る安全対策等について、十分かつ的確な説明をするよう努めます。

　期日前投票の期間中において、期日前投票所の閉鎖、増設等を行う場合や投票所入場券を発送した後に投票所の場所を変更するときも、選挙人へ混乱を与えないよう、使用できる手段、方法を用いて十分な周知を行います。とりわけ選挙管理委員会のホームページやチラシ等の配布、当該市町村のホームページ、広報紙に加えて防災行政無線、町内会、自治会組織を通じた回覧板などを活用することも有効です。場合によっては、巡回広報車での周知も活用することも検討すべきでしょう。

④　期日前投票所又は当日投票所で投票した選挙人がその後において感染者等であることが判明した際の対応

　原則として、当該期日前投票所又は当日投票所で投票した選挙人へその旨の個別周知は行いません。

　当該期日前投票所又は当日投票所で投票した選挙人から感染者等の発生が判明した場合は、保健所による疫学調査が実施され、感染者との濃厚接触者であることが特定された者に対しては、健康観察とともに外出自粛の要請等を行うこととなります。個別に保健所から何らかの指示があるときは、指示に従います。

　当該期日前投票所又は当日投票所で投票した選挙人から、感染しているかどうかの検査等を受けたいという問い合わせがあったときは、一般的な問い合わせ先（東京都の例：新型コロナコールセンター　☎0570-550571など）を案内するようにします。

（7）新型コロナウイルス感染症対策に係る選挙人への周知

　選挙人へは、選挙は住民の代表を決める民主主義の根幹をなすものであり、任期が到来すれば、決められたルールの下で次の代表を選ぶというのが民主主義の大原則であって、「不要不急の外出にはあたらない」という政府から示された見解にのっとり、安心安全な状況の中で、より多くの選挙人の投票参加を促すことを目的に次のとおり周知を行います。

① 新型コロナウイルス感染症への対応を踏まえた投票への呼びかけ

＊　選挙管理委員会は、選挙人の皆さんに安心して投票していただけるよう、投票所の入口から投票所内における感染防止に取り組んだうえで、選挙を実施していることを周知します。

＊　当日投票所の混雑を緩和して「３密」を避けるため、期日前投票の積極的な利用をしていただきたいこと（この場合は、「６号事由※」により対応します）を周知します。

※新型コロナウイルス感染症への感染が懸念される状況は、公職選挙法第48条の２第１項第６号の期日前投票事由に該当するものとされています。

② 選挙管理委員会が実施する感染症対策の例

＊　当日投票所及び期日前投票所には、手指消毒用のアルコール

消毒液を配置し、必要に応じてマスクを提供します。

* 投票管理者、投票立会人及び投票事務従事者の手指消毒とマスク又はフェイスシールドの着用を行います。

* 投票所の受付には、飛沫感染防止のため、透明ビニールシートによるシールドを設置します。

* 投票記載台、筆記用具等の不特定多数の選挙人が触れる箇所等は、定期的に消毒を行います。

* 投票所内は扉や窓を常時開放し、又は定期的に換気を行います。

③ 選挙人の皆さんにお願いする事項

* 投票所へ来場する際には、マスクを着用し、咳エチケットを遵守するとともに、来場前と帰宅後には、入念な手洗いを励行してもらいます。

* 順番待ち等をする際には、ソーシャル・ディスタンスを確保してもらいます。

* 飛沫感染を防止するため、なるべく周りの人との会話を避けてもらいます。

* 混雑する時間帯（選挙管理委員会のホームページ等で周知）を避けて、投票所へ来場していただくようお願いします。

* 投票所では、選挙人が持参した鉛筆等の筆記用具を使用して投票の記載をすることは差し支えないことを周知します。

④ 選挙人への周知の手段・方法

投票所入場券、選挙管理委員会のホームページ、啓発チラシ、市町村の防災行政無線、地域のケーブルテレビ、記者クラブへの資料提供を駆使するとともに、市町村のホームページ、広報紙、広報車による巡回啓発など、あらゆる手段・方法によって、広く

選挙人への周知に努めます。

ホームページ等による周知の例

●期日前投票所の混雑状況

　　期日前投票所の混雑状況の目安として、直近の選挙時の期日
前投票所の日にちごとの時間帯別の投票者数を、棒グラフ等で
わかりやすく表示します。

●新型コロナウイルス感染症対策に関するＱ＆Ａ

　　都道府県選挙管理委員会でまとめたＱ＆Ａや市町村選挙管理
委員会がまとめたＱ＆Ａを掲載します。

（８）当日投票所及び期日前投票所における留意事項のポイント

　　当日投票所及び期日前投票所における感染防止対策の観点によ
る留意事項のポイントは、「３密」防止を配慮することを前提に次
のとおりとなります。

「３密」防止策の例

●記載台は、間隔を開けて設置します。

●複数の区画に分割されている記載台は、隣り合っての区画は使
　用できないようにします。

●投票管理者、投票立会人、各係の事務従事者の席の間隔をでき
　るだけ離します。

●投票立会人の席を長机１つで使用している場合は、１つの長机
　に３人一緒に着席させないようにします。

① 設営に関するポイント

＊　選挙人が投票所内に滞留しにくい動線がとれるように設営を工夫するとともに、入口と出口はできる限り別として、一方通行とすることにより選挙人同士の接触の緩和を図るようにします。

＊　投票所における名簿対照係及び投票用紙交付係の各席と選挙人との間には、飛沫感染防止のためのビニールシートによるシールドを設けます。また、これら係の席とは別に相談を受ける係など選挙人と直接対面する係等がある場合には、同様のシールドを設けることとします。

＊　投票管理者及び投票立会人の席が投票所の広さが狭隘^{きょうあい}等の都合により、選挙人と一定距離を確保することができないときは、これらの席にも飛沫感染防止のためのビニールシートによるシールドを設けるのが適当です。

＊　相談を受ける係など選挙人と直接対面する係等ある程度の時間を要しながら選挙人と応対する席は、選挙人の正面には着席しないで、互い違いにずらすなどして着席できるように席を配置するようにします。

＊　投票所の入口付近には、手指消毒用のアルコール消毒液を配置することとし、出口にも、可能な限りアルコール消毒液を配置して、選挙人の感染防止に努めるのが適当でしょう。

＊　投票の順番待ちをする列の場所には、間隔の目安として概ね２ｍ（最低でも１ｍ）ごとに色つきのビニールテープ等で線を引き、ソーシャル・ディスタンスが保てるようにします。

＊　投票所内の換気の効果を高めるために、必要に応じて、扇風機やサーキュレーター等を設置することが適当です。なお、一般的な空気清浄機は、機内を通過する空気の量が換気量に比べ

て少ないことから、新型コロナウイルス感染症対策への効果は、不明ですので推奨できません。

② アルコール消毒液等の留意点

投票所等に配置する手指消毒用のアルコール消毒液は、新型コロナウイルスへの殺菌作用に効果的とされる濃度70％以上のものを使用します。これは、消防法で定める危険物（第四類アルコール類）に該当し、その内容が、容器の表面に表示されていますので、必ず確認してください。濃度70％以上のアルコール消毒液が入手困難な場合は、濃度が60％程度のエタノール消毒液を使うこともやむを得ないでしょう。

高濃度エタノール製品は、危険物であることから、手指消毒用アルコールの代用として使用するときは火気等に十分注意し、火災等の事故のないように細心の注意を払い取り扱ってください。アルコールは、引火点が常温よりも低く、わずかな火源でも引火しますので、容器の注意書きを必ず厳守するようにします。（物品の表面の消毒には、次亜塩素酸ナトリウム液（0.05％）の使用でも差し支えありません。）

なお、濃度60％以上の消毒用アルコールは、危険物として消防法の適用を受け、80ℓ以上まとめて保管する場合は、消防法により消防署への申請や届出が必要となることに、注意してください。また、保管場所についても関係法令により様々な制約が設けられています。

消毒用アルコールを保管、備蓄する場合は、その数量や場所に十分注意してください。また、感染症対策により、多くの数量の消毒用アルコールの保管、備蓄を計画している場合は、消防本部

又は消防署へ必ず相談してください。

③ 投票を受け付ける際の感染対策の留意点

　感染防止を主眼とする投票を受け付ける際の対策の留意点は、次のとおりです。

＊　投票に訪れた選挙人が、マスクを着用していない場合には、その場において、できるだけマスクの着用を要請し、持っていない選挙人には、受付にて保有するマスクを提供することとします。マスクの着用を要請しても着用してもらえない場合でも、「咳エチケット」の協力の要請に努めることとします。

＊　投票所の入口で、可能であれば、希望する選挙人には使い捨てのポリ手袋を提供します。ポリ手袋を着用する選挙人を含め、投票に訪れた選挙人のすべてに、投票を受け付ける前にアルコール消毒液による手指消毒を促しますが、アルコール消毒液にアレルギー反応があるとして、拒否する選挙人に対しては、強要することのないように留意してください。

＊　来場した選挙人に37.5度以上の発熱があり、感染者等に該当するおそれがあるとして、体調不良を訴えるなどで、感染の疑いが認められる場合には、投票事務従事者にその旨を速やかに申し出るよう呼びかけることとします。(申し出た選挙人への対応はP 44参照)

＊　投票の受付等のために順番待ちしている選挙人等をソーシャル・ディスタンスの目印ラインに沿って並ぶように誘導するとともに、投票所内が混雑してきたときは、適宜、事務従事者の誘導により、入場制限の整理を行うこととします。

＊　名簿対照係及び投票用紙交付係の従事者は、必ずビニール手

袋を着用し、素手で投票所入場券や投票用紙に触れることがないように留意してください。投票用紙交付機にて投票用紙を交付する場合には、発券された投票用紙を選挙人の手で直接取らせることも差し支えないこととしますが、投票用紙が2枚重なって排出されていないかを必ず確認してください。

＊　投票所で選挙人が投票用紙に候補者名を記載するために用いる筆記用具は、記載台に配置しておくことはせずに、投票用紙交付係などにまとめて用意しておき、1本ずつトレーに載せたものを選挙人に自ら取ってもらうようにします。また、使用後は、投票箱の傍らに使用後の筆記用具の回収箱を配置して、回収し、消毒することとします。

＊　選挙人が使用したポリ手袋は、投票所の出口の外側に回収箱を置いて、他のごみ等と混同しないよう回収し、密封のうえ、適正に廃棄します。

＊　聴覚に障害を有する選挙人の中には、事務従事者がマスクを着用することにより、コミュニケーションをとることが困難となりますので、次の対応例を参考に対応してください。

聴覚障害等のある選挙人への対応例

●従事者の口元が見えるように、フェイスシールドや透明な素材を用いたマスクを着用します。

●筆談やコミュニケーションボードを活用します。

選挙人が手を触れた点字器、コミュニケーションボード等は、その都度こまめに消毒します。できれば、コミュニケーションボードは、若干厚手の紙にコピーしたものとして、対応した選挙人ご

とに使い捨てとすることなどの検討も必要です。

　投票所内の定期的な換気に努め、1時間に2回程度、2つの方向の窓や扉を数分間開放するのが望ましいでしょう。また、事務従事者等の休憩スペースも「3密」防止に留意してください。

「3密」防止対策の例

● なるべく休憩スペースを複数箇所、離して設けます。
● 1人ずつ休憩をとるようにします。
● 投票所内において対面しないように席を配置します。

　施設、設備等を使用した後の消毒は、複数の従事者等が触れる箇所（ドアノブ、手すり、テーブルなど）をアルコール消毒液により拭き取ることを基本とします。ただし、施設側から特段の要請に応じるとともに、当該施設の本来の用途などの事情により、可能な範囲で対応することとします。

　なお、感染者で軽症者等に係る宿泊施設においては、施設に滞在していた軽症者が退去した後の清掃と消毒は、「通常の宿泊施設等と同様の清掃に加えて、次亜塩素酸ナトリウム液0.1％溶液又はアルコール消毒液によりドアノブや取っ手、ベッドの柵等、手の触れる可能性にある箇所を拭く」こととされています。

投票所内等における周知用掲示の記載内容例

● 感染症対策のため、マスクの着用をお願いします。
● 感染症対策のため、手指をアルコール消毒液にて消毒をお願いします。
● ご希望の方には、ポリ手袋を配布いたしますので、係員に申出

ください。

- 足元のラインに沿って、間隔を空けてお並びください。
- 投票所内の混雑緩和のため入場整理をしています。時間帯によっては、長時間お待ちいただく場合がありますので、ご協力をお願いします。
- 感染症対策のため、定期的に換気を行っています。換気の際は、風等が吹き込みますので、ご了承ください。
- 感染症対策のため、鉛筆、記載台等は、アルコール消毒液で拭き取り消毒をしています。アルコールのアレルギー等がご心配の方は、係員にお申出ください。
- 容器から鉛筆をお取りください。使用後の鉛筆は、投票箱の横の回収箱に返却してください。
- 使用後のポリ手袋は、こちらの回収箱に入れてください。
- 帰宅後は、入念に手洗い等をしてください。

　混雑を懸念して選挙人が投票を躊躇することがないよう、SNSや防災行政無線などを使って期日前投票所内の混雑状況について随時情報発信をしてください。

　なお、過去の選挙における実績などから、期日前投票所が混雑しやすい曜日や時間帯、あるいは投票所が混雑する時間帯などについて、あらかじめ広報などで周知しておき、混雑しやすい時間帯に選挙人が集中することを防ぐことも大切です。

④　感染者等への対応の留意点

　感染者等から投票に関して、注意事項などについて問い合わせがあったときは、親切丁寧に、説明する等の対応をします。

ア．投票等に関して事前に問い合わせがあった場合の対応

　　「感染症の予防及び感染症の患者に対する医療に関する法律」の規定に基づき外出を制限されている自宅療養者、宿泊施設療養者については、公職選挙法上、投票方法について特例的な規定は設けられていません。

　　このため、自宅療養者、宿泊施設療養者であっても、公職選挙法上、通常の選挙人と同様の投票制度（当日投票、期日前投票、滞在地の不在者投票）を利用して投票することとなります（不在者投票の指定施設に入院・入所中の選挙人の場合には、当該施設での不在者投票が可能です。）。

　　一方で、選挙管理委員会においては、感染者等の外出の可否について、医学的・疫学的な観点においての判断はできないことから、感染者等から事前に問い合わせがあったときは、投票のために外出することの可否についての確認は、保健所や医師等に確認するよう案内してください。

　　投票のため、投票所等に訪れる際には、マスクの着用その他必要な事項については、医師等の指示を仰ぐよう案内をしてください。

イ．投票所における対応

　　投票所に訪れた選挙人が、感染者等に該当する場合や37.5度以上の発熱又は体調不良等、感染の疑いがあるときは、投票事務従事者に申し出をするよう呼びかけて、その申し出があったときは、的確な対応に努めてください。

　　前述により、申し出があった選挙人や咳き込んでいるなどの症状のある選挙人には、人権等に配慮しながら、他の選挙

人や投票事務従事者等への感染を防止するため、基本的には、次に示す対応に従ってもらうこととします。

* 　ポリ手袋を提供して着用してもらいます。
* 　マスクを着用していないときは、マスクを提供して着用してもらいます。
* 　順番待ちの選挙人同士を一定の間隔を保ち、受付をします。
* 　一定時間、次順位の選挙人の入場を待ってもらいます。一定時間の目安は、同じ記載台で並んで投票用紙への記載をしない程度の時間的間隔とします。
* 　投票記載用の鉛筆は、１本ずつ分離したトレー等から、自ら取ってもらうようにし、使用後のトレー等は、その都度消毒します。なお、使い捨て鉛筆を使用してもらうことでも差し支えありません。
* 　使用後の記載台は、次の選挙人が使用する前に必ず消毒をします。また、一般の選挙人が使用する記載台とは、離して専用の記載台を設けるのがよいでしょう。

（9）指定施設(病院、老人ホーム等)における不在者投票の留意点

　不在者投票の指定施設においては、感染者等への対応などにより、多忙や混乱を来していることも想定されますので、選挙管理委員会としては、慌てずに慎重に対応します。

① 指定施設から不在者投票の実施が困難である旨の申し出があった場合の対応

施設における業務が多忙であるため、不在者投票の事務執行に人員を割くことができない等の理由により、入院・入所している選挙人からの不在者投票の実施請求を拒否することは、法律上できませんので、指定施設側には、選挙人の投票機会の確保の観点から不在者投票を実施するように丁寧に説明して、応じてもらうように努めてください。

② 指定施設において感染者等の不在者投票を実施する場合の留意点

* 特に投票を実施する場所を設けて不在者投票を行う場合には、極力「３密」防止に配慮してもらいます(選挙人同士や不在者投票の立会人、従事者の間隔の確保、定期的な換気の実施等。)。

* 他の入院者、入所者、不在者投票の立会人、従事者等への感染を防止するため、記載場所の机、テーブル、椅子等をアルコール消毒液で消毒をしてもらいます（ベッド上で不在者投票を行う場合も同様とします。）。

* 不在者投票の立会人、代理投票補助者２人、不在者投票の事務を行う施設のスタッフは、マスク、手袋等を着用し、直接素手で投票用紙等に触れることがないようにしてもらいます。

* 感染者等が不在者投票を行うときは、必ずマスク、手袋等を着用してもらい、直接素手で投票用紙等に触れることがないようにしてもらいます。

* 投票が終了した不在者投票（封筒）を選挙管理委員会に送付するときは、郵送等の封筒の表面に、感染者等のものが入っていることがわかるようにしてもらいます。

* 施設側に不在者投票の代理請求を選挙人が依頼する際の依頼

書の記載については、原則として請求する選挙人によって記載するのが適当ですが、感染者等が請求する場合には、本人の同意の下に依頼書を施設スタッフが代理記入することは、差し支えないこととします。その場合には、当該依頼書に代理記入者の施設スタッフの氏名を記載することとします。

＊　感染者等が不在者投票を行った指定施設から選挙管理委員会に送付された投票記載済みの不在者投票は、必ず手袋を着用して取り扱い、他の不在者投票とは分離して保管するなど、十分注意して取り扱うようにします。

＊　投票日当日に、指定投票区の投票所において、不在者投票の受理、不受理の決定の事務を行う従事者は、必ず手袋を着用し、直接素手で投票用紙等に触れることがないようにしてもらいます。

　また、当該投票所に訪れた選挙人とは、できるだけ距離を置いた場所で作業をして、新型コロナウイルスの拡散の防止に留意してください。

＊　各地での郵便物の遅配や郵便局の営業時間の短縮もあり得ることから、投票用紙等の請求や投票記載済みの不在者投票の送致については、早めに行うよう指定施設側に要請しておきます。

感染症対策のため、指定施設側に依頼する例

● 感染者等が投票用紙等に記載する際には、感染者等本人及び同席する施設のスタッフ共にマスク・手袋の着用をお願いいたします。また、感染者等本人が直接投票用紙等に素手で触れることがないようにご協力をお願いいたします。

（10）開票所における留意事項

　開票事務では開票台を複数の従事者が取り囲んで票の混同や選別を行うなど、投票事務よりも従事者の密度が高くなりがちです。新型コロナウイルス感染症発生時には従事者同士の感染を防ぐために、必要最低限の人数で作業に当たることができるよう、作業体制の見直しをすることとします。

　なお、事務従事者がマスクと同時にフェイスガードを着用して開票作業を行った事例も報告されています。

① 開票所の事務体制等に関する留意点

＊　開票事務を実施するに当たっては、開票事務従事者間の間隔をできるだけ広く確保して、席や立ち位置が対面とならないように留意します。

＊　やむを得ず、十分な広さの開票場所を確保できない場合は、人員配置を見直し、少人数で開票作業を実施することとします。

＊　開票立会人の席は、立会人同士の間隔をできるだけ空けて、配置することとします。

＊　事前に、施設管理者には換気方法を確認しておき、開票をする場所は、定期的に換気を行います。

＊　点字投票の判読者には、感染を防止するため、ゴム手袋を着用して点字の判読を行ってもらいます。

＊　開票管理者、開票立会人、開票事務従事者は、全員、マスク及び手袋を着用してもらいますが、やむを得ず手袋を着用しないときは、随所にアルコール消毒液を配置して、こまめにアルコール消毒を行うようにしてもらいます。

＊　担当する開票作業が終了した開票事務従事者は、速やかに開

票の場所から退出してもらいます。

＊　開票作業が円滑かつ迅速に進展するよう、開票立会人の協力を促すこととします。

＊　開票立会人の投票の点検・確認に時間を要する場合には、最低限の人員を残して、他の一般の開票事務従事者は、開票場所から退出させることとします。

② 参観人に関する留意点

＊　参観人の席は、できるだけ間隔を空けて配置します。施設における既存の座席の間隔が狭いときは、テープ等を張ることにより、一定間隔内における座席の使用をできないようにして、適正間隔を確保することとします。参観人席が過密となる場合には、入場制限をすることにより対応します。入場制限を行うときは、事前に選挙管理委員会のホームページ等でその理由も含め、周知しておきます。

＊　参観を希望する選挙人に対して、選挙管理委員会のホームページや広報紙等で感染防止のためにマスクの着用を呼びかけておきます。また併せて、発熱、咳等の症状がある場合は、参観を控えてもらうよう呼びかけておきます。

＊　マスクを着用しないで参観に来た選挙人には、できる限りマスクを提供することとし、それができないときは、「咳エチケット」の徹底を要請するとともに、会話を控えてもらうなどして、飛沫感染防止のための注意喚起を徹底します。

＊　以上の対応とともに、参観人席の入口付近には、アルコール消毒液を配置して、手指消毒をお願いします。

＊　参観人席には、できる限り、靴のまま入場できるようにしま

す。場所の都合上、スリッパを使用する場合には、スリッパを消毒しておき、参観人が使用した後のスリッパが再度使用されないよう、確実に回収して、未使用のものと使用後のものとを分類をすることとします。

開票所内における周知用掲示の記載内容例

- 感染症対策のため、マスクの着用をお願いします。
- 感染症対策のため、アルコール消毒液による手指消毒をお願いします。
- 発熱、咳等の症状のある方は、参観をご遠慮ください。
- 「3密」防止のため、参観をご遠慮いただくことがあります。感染症対策のため、ご協力をお願いします。
- 「咳エチケット」のご協力をお願いします。
- できるだけ、間隔を空けて参観してください。
- 帰宅後は、うがい、手洗い等を行ってください。

第4章
新型コロナウイルス感染症発生時における選挙管理執行の取組事例

本章では、新型コロナウイルス感染症が発生する初期段階で対応策を自ら考え、自ら案を出しながら選挙を執行した先進的な取組事例について、各選挙管理委員会の了承の下で今後の参考に資することを目的に紹介するものです。

1. 熊本県知事選挙（令和2年3月5日告示、3月22日執行）

（1）選挙期日の延期を求める動き

熊本県選挙管理委員会では、令和元年11月27日に開催した定例委員会において、第20回熊本県知事選挙について令和2年3月5日告示、3月22日投開票とすることを決定していましたが、令和2年2月21日に県内初の感染者が出たことや全国的な感染者の増加を背景に、選挙期日の延期を求める要望書や要請書が複数提出されました。

県選挙管理委員会では、3月2日に第2回臨時委員会を開催して審議の結果、

① 第1回臨時委員会（2月27日）以降、熊本県内で感染者の

拡大がみられないこと、

② 選挙期日を延期したとしても、選挙の実施が義務付けられている4月14日（県知事の任期4月15日）までに新型コロナウイルス感染症が終息しているかわからないこと、

③ 国が自粛を要請している「スポーツ、文化イベント等」に選挙は該当しないこと、

などから、選挙期日を当初の予定どおり行うことを決定しました。

（2）啓発事業の見直し

　熊本県選挙管理委員会では、選挙の執行に当たって臨時啓発事業を実施しており、今回の県知事選挙においてもテレビ・ラジオCM、新聞広告、YouTube動画広告などを実施し、熊本市中心部で啓発物資の配布を予定していました。

　しかし、新型コロナウイルス感染症に対する不安から、街頭で啓発物資を受け取ってもらえない可能性が高く、思うような啓発効果が見込めないと判断し、配布を中止。当初の事業計画を見直して、テレビCM、新聞広告、YouTube動画広告等の本数を増加しました。選挙公報を約1万9,000部増刷し、公共施設のほか百貨店や大型商業施設、コンビニエンスストアなどにも配布しました。加えて、熊本市内における広報車の巡回広報も初めて実施しました。また、感染防止対策の観点から、期日前投票の積極的な利用を県のホームページや委員長談話などにより呼びかけました。

（3）投票所における感染対策

　熊本県選挙管理委員会では、令和2年2月26日発出の総務省自

治行政局選挙部長通知などの趣旨を踏まえ、県内の各市町村の選挙管理委員会に以下の徹底を依頼しました。

① 投票所等事務従事者のマスク着用、咳エチケットの徹底、手洗い・消毒の実施
② 選挙人に対する投票所におけるマスク着用、咳エチケットの徹底、帰宅後の手洗い・うがい等の呼びかけ
③ 投票所等への出入りの際の手洗い・消毒の誘導（手洗場への案内の表示、出入口へのアルコール消毒液の設置）
④ 投票所等の出入口への感染症対策啓発チラシ等の掲示
⑤ 記載台、鉛筆等の定期的な消毒等
⑥ 投票所備え付けの鉛筆・スタンプに代えて、選挙人持参の筆記用具が使用可能であることの周知
⑦ 投票所等の定期的な換気（少なくとも1時間に1回）

　なお、県内の市町村によっては上記に掲げた感染対策のほか、それぞれの実情に応じて独自に以下のような取り組みを行った事例も報告されています。

・記載台の間隔を空ける。
・2人用の記載台も1人ずつ利用させる。
・名簿対照窓口を増設できるようにしておく。
・投票所の入口と出口を別にする。
・消毒済み鉛筆を用意し、使用後は「使用済」と表示した箱に入れて必ず消毒する。

（４）開票所における感染対策

　開票所においては、投票所と同じく基本的な感染防止対策（マスク着用、咳エチケットの徹底、手洗い・消毒の実施など）を行うほか、開票事務の特性（多くの職員が作業台に向かって一定時間、密集する形になること）から以下の対策も徹底しました。

① 開票中や開票事務終了後の手洗い・アルコール消毒の実施。
② 作業中にむやみに目や鼻、口などに触れない。
③ 作業中の事務従事者の距離の確保を図る。
④ 無理のないタイムスケジュールにするなどして開票事務管理者の体調管理に十分注意する。

（５）選挙結果（投票率）

　投票率45.03％（前回投票率51.01％）
　投票日前日の投票率16.57％（前回投票日前日の投票率14.43％）

※出典「月刊選挙 令和２年５月号」

2．福山市議会議員選挙（令和2年3月29日告示、4月5日執行）

（1）投票所での感染防止対策

　福山市選挙管理委員会では投票事務従事者全員に配布する「投票事務の手引」に以下の内容を添付し、投票所内での感染防止対策を周知、実施しました。

① アルコール消毒液を受付（名簿対照係）付近に設置する。

② 次亜塩素酸ナトリウム溶液（消毒液）により、定期的に（1時間おきを目安に）記載台・鉛筆を消毒する。

③ 施設の入口等を開放するとともに、投票所の換気に努める。

④ 選挙人が滞留しないようにするとともに、投票所内が混雑する場合は、受付などで選挙人の間隔を空けてもらうように促す。

⑤ 選挙人と選挙人の間の距離をできるだけ確保できるように、記載台を通常よりも多く設置し、選挙人に間隔を空けて使うように促すこと（資材配送投票所については、記載台を通常より多く配送する）。

⑥ 風邪の症状がうかがわれる選挙人などが投票に訪れた場合には、咳エチケットの徹底を促すなど、他の選挙人に不安を与えないよう配慮する。

⑦ 必要に応じて、選挙人が持参した筆記用具で投票できることを説明すること。

⑧ 投票所内及び入口外側の選挙人が見やすい箇所に以下の事項を書いた紙を掲示し、感染予防を呼びかける。

　・投票所におけるマスクの着用

　　　・咳エチケットの徹底

　　　・帰宅後の手洗い・うがいなどの徹底

　⑨　投票終了後は、施設内の消毒をする（ドアノブや手すり、椅子や机などを可能な範囲で）。

（2）投票所への配布物品

　（1）の感染防止対策の実施に必要な以下の物品を、市内各投票所に配布しました。

　①　手指アルコール消毒液

　②　使い捨てマスク（投票立会人分＋投票事務従事者分）

　③　固形石鹸（2個）

　④　希釈済み次亜塩素酸ナトリウム消毒液（機材等消毒用）

　⑤　ゴム手袋（1組）

　⑥　使い捨てタオル（ピンクとブルー各10枚）

　⑦　ビニール袋（使い捨てタオルを入れたもの2枚）

参考　消毒液（希釈済み次亜塩素酸ナトリウム消毒液）の使用手順（出典：福山市選挙管理委員会提供資料）

　①　ゴム手袋を着用してください

　②　ビニール袋を二重にして、使い捨てタオルの「ピンク」を1枚入れます

　③　②に、希釈済み次亜塩素酸ナトリウム消毒液を使い捨てタオルの「ピンク」が浸る程度に入れます（軽く浸る程度で十分です）

　④　使い捨てタオルの「ピンク」が十分に浸かったら、よく絞

り、鉛筆や投票記載台等を拭いてください

⑤ 記載台等の金属部位に使用した場合は錆びるおそれがある
ため、使い捨てタオルの「ブルー」を水に濡らし、固く絞っ
てから水拭きします。④を行った約10分後に水拭きすると、
すぐに水拭きした場合と比べて消毒効果が高くなります

※使用後の消毒液は、たとえ見た目に変化が無くても殺菌消毒効果が下がります。③の作業
　時は毎回、消毒液を新しくして作業してください。
※使い捨てタオルの「ピンク」は消毒用、「ブルー」は水拭き用です。必ず使い分けてください。
※使い捨てタオルの「ピンク」は水洗いをして乾かせば、次の作業時にも使用できます。
※消毒液を噴霧器に入れて使用しないこと。噴霧すると液体がまんべんなく行き渡らず、消
　毒が不十分になります。また、ミスト状の液体を吸い込み、健康被害につながるおそれが
　あります。

（3）投票所での選挙人からの質問に対する想定問答の共有

　福山市選挙管理委員会では、投票所で新型コロナウイルス感染
症発生時の選挙執行について質問をされた場合に備え、あらかじ
め以下の想定問答を作成し、事務従事者と共有しました。

　選挙人から質問を受けた場合は、この想定問答をベースに回答
し、納得してもらえなかった場合は、投票管理者等の携帯電話で
選挙管理委員会事務局に取り次ぐよう周知しました。

想定問答①　新型コロナウイルスの感染が全国的に拡大している
中で、福山市はどうして選挙をするのか？

回答例：選挙は現在の状況では、公職選挙法関係法令の規定によ
り実施しなければなりません。そのため、新型コロナウイ
ルス感染症への感染防止のために、投票所や開票所には、
手指用アルコール消毒液等を設置しています。また、投票
所等の換気に努めるとともに定期的に記載台や筆記具の消

毒などを行っています。投票立会人や事務従事者については、マスクの着用、咳エチケットの徹底、手洗い、うがいの実施に努めていますので、選挙人の皆さんもご自身の予防対策をしたうえで、投票をお願いします。

想定問答②　新型コロナウイルスの感染が全国的に拡大している状況で、なぜ選挙を延期しないのか？

回答例：公職選挙法の規定では、地方公共団体の議会の議員は、任期満了日前30日以内に選挙を実施しなければなりません。福山市議会議員の任期は４月30日なので、選挙期日の告示前であれば、４月29日までは選挙期日を変更することができますが、選挙期日を延期しても新型コロナウイルスの感染がそれまでの間に収まると見込めない状況であることから、延期をしないこととしました。

（４）開票所での感染対策

事務従事者の健康チェック

　福山市選挙管理委員会では、開票作業開始に先立って、開票所の従事者受付で従事者全員に以下のヒアリングを行いました。

発熱や風邪の症状がありますか？　➡　ない　➘　事務に従事可能
⬇
ある
⬇
熱は37.5度以上ありますか？　➡　ない　➡　事務に従事可能
⬇

ある

⬇

「今日は開票事務に従事せず、帰宅して体調管理に努めてください」と伝え、担当次長に体調不良で帰宅した従事者があることとその氏名を報告します。

※平熱でも風邪の症状（咳など）がひどい場合は、帰宅して体調管理に努めてもらうこと（従事者の自己判断）。

（5）開票所での注意喚起

① アナウンスによる注意喚起

福山市選挙管理委員会では開票開始直前（約10分前）に、開票事務従事者や開票参観人に向けて場内マイクで以下のアナウンスを行いました。

> 開票所における新型コロナウイルス感染症への感染防止対策について、開票従事者は次のことに努めてください。
>
> マスク着用、咳エチケットを徹底し、他の従事者と距離をとって、作業中、不必要な会話は行わないこと。
>
> むやみに目や鼻、口などに触れないこと。
> 作業終了後は、出口で必ずアルコール消毒を行うこと。
> 手洗い・うがいの実施に努め、帰宅後も必ず実施すること。
> また、各開票係の係長は、開票作業中、適宜、開票従事者を回り、手指アルコール消毒をさせてください。
>
> 次に、参観人の方にお願いします。
> 参観人の方も、開票所でのマスク着用、咳エチケットの実施、アルコール消毒液の利用、帰宅後の手洗い・うがいなどの感染対策をお願いします。また、参観中は、ほかの参観人と離れ、十分な距離をとって参観してください。なお、発熱や風邪の症状がある方は、参観を控えるようにお願いします。

② 看板の掲示による注意喚起

開票所2階の参観席に至る2か所の階段の上と下、計4か所に以下の内容を記載した看板を掲示し、参観人への注意喚起を行いました。

【参加人の方へのお願い】
○発熱や風邪の症状がある方は、参観を控えるようにお願いします。
○参観中は、ほかの参観人と離れ、十分な距離をとって参観してください。
○マスクの着用、咳エチケットの実施、アルコール消毒液の利用、帰宅後の手洗い・うがいなどの感染予防をしてください。

（6）選挙結果（投票率）

投票率38.34％（前回投票率44.69％）

3. 伊豆市長選挙（令和2年4月12日告示、4月19日執行）

（1）立候補予定者対象の説明会等での新型コロナウイルス感染対策

　新型コロナウイルスの感染拡大予防の観点から、伊豆市選挙管理委員会では告示日の前後に開催した立候補予定者対象の説明会等においては、次のような感染防止対策を行いました。

説明会等	消毒	換気	ソーシャル・ディスタンス
立候補予定者説明会	会場出入口に次亜塩素酸水を設置し、入退場の際に手指消毒をお願いした。	開始10分前まで会場の窓を全開にし、説明会の間は閉めていた。	通常時よりも座席数を減らし、席の間隔を空けた。
立候補届出書類事前審査	同　上	審査中は窓を開けたままにした。	同　上
立候補届出・氏名掲示等くじ	会場出入口にアルコールを設置し、入退場の際に消毒をお願いした。	届出中は窓を開けたままにした。	同　上

　上記の表の対策のほか、次の対策を行いました。

・選挙管理委員会事務局（委員・選挙長含む。）は、自前のマスク着用を徹底しました。
・説明会時は立候補関係者にもマスク着用をお願いし、全員がマスクを着用しました。

・3月初めにはアルコール消毒液が入手できなかったため、次亜塩素酸水で代用しました。

・説明会では、選挙運動は立候補者の当然の権利であり、当選するための有効な手段ではありますが、個人演説会や選挙事務所は人が密になる空間であり、街頭演説会は不特定多数の人が参集するので、クラスター（集団感染）が発生しないようにマスクの着用、換気、ソーシャル・ディスタンス確保等の対策を各自でとっていただくようにお願いし、立候補届出時にも同様のお願いをしました。

（2）期日前投票での感染対策

① 期日前投票制度利用の呼びかけ

　伊豆市では、当日投票所の中には狭く、混雑の状況によっては3密を引き起こす可能性のある投票所があります。一方、5か所ある期日前投票所はいずれも比較的広く設営できる場所です。そこで、総務省からの通知も鑑み、期日前投票の積極的な利用を呼びかけることとしました。

　伊豆市では毎月1日に広報紙を発行しており、（令和2年）3月号では立候補予定者説明会の日程など被選挙人に対する案内、4月号では投開票・期日前投票の日程、選挙公報や投票所入場券など選挙人に対する案内をそれぞれ掲載しましたが、新型コロナウイルス感染症対策関連の案内の原稿は間に合わず、期日前投票の呼びかけについても、広報紙に掲載することができませんでした。

　そこで、広報紙掲載の代わりに以下の方法で、期日前投票の積極的な利用を含めた案内をしました。

・自治会（地区会）への回覧
・ホームページ上での案内（期日前投票所の設営画像も掲載）
・コミュニティFMでの放送を依頼
・広報車で市内を巡回
・市情報メールから登録者約4,000人にメールを送信
・市の公式SNSで発信（内容は上記メールと同じ。）

■メールの文面
タイトル：伊豆市長選挙における期日前投票について
本文：4月19日に執行される伊豆市長選挙における期日前投票につ
　　　いてお知らせします。
生きいきプラザ　　4/13～18
各支所　　　　　　4/14～18
修善寺駅　　　　　4/14～16
いずれも午前8時30分から午後8時までの開設となります。

新型コロナウイルスの感染が懸念される状況を理由に期日前投票を
行うことができますので、積極的にご利用ください。

・投票所内での新型コロナウイルス予防対策について
　現在投票所内での新型コロナウイルス予防対策は次のとおりです。

投票所内の管理
・投票所にアルコール消毒液の設置。
・定期的な室内の換気、記載台の消毒。
・投票事務従事者にマスク着用の義務。
・鉛筆は消毒済みのものを投票用紙と一緒に渡す。
・投票所内で受付係が順番に案内し、密にならないよう管理を行う。

投票に行く方へお願い

・順番待ちで並ぶ場合、前後の人と十分な距離をとるようお願いします。
・投票所の入口に設置されている消毒液を使用し、手の消毒をお願いします。
・マスクの着用、咳エチケットにご協力ください。
・自ら持参した鉛筆を使用して構いません。
・帰宅後は、手洗いとうがいをお願いします。
・投票日に人が集中しないよう期日前投票を積極的にご利用ください。

これからも皆様が安全に投票できるよう努めていきますのでご協力ください。
伊豆市選挙管理委員会　電話○○○○-○○-○○○○

② 期日前投票所設営の見直し

　今回の選挙において、唯一初日から最終日まで開設している期日前投票所は伊豆市の中心部にあり、従来の選挙でも投票者数が

期日前投票所

最も多かったため、選挙人同士の間隔を空けることができるように従来の２倍近い広さを確保して設営しました。その他の期日前投票所についても、選挙人同士の間隔をできる限り空けるような設営に努めました。

③ 期日前投票所内における対策

・事務従事者の増員

　伊豆市では、従来の選挙においては期日前投票所1か所あたり、受付係・名簿対照係・投票用紙交付係の計３人体制で事務を執り行っていますが、今回の選挙では新型コロナウイルス対策のために別途「案内係」を設けました。案内係は受付を待っている選挙人に対してアルコールによる手指消毒の案内、宣誓書記載済みの確認、消毒済み鉛筆の案内をしながら、選挙人同士の間隔が狭い場合には間隔を空けるようにお願いしました。

案内板

・ソーシャル・ディスタンスの徹底

　受付を待つ選挙人同士の間隔を空けてもらうため、床に待機場所の表示をし、一人ひとりの間隔を空けるようにしました。また、事務従事者、投票管理者、投票立会人についてもマスクの着用を徹底し、座席の間隔をできる限り空けるよう努めました。

・アルコール消毒液の設置

　投票所出入口にアルコール消毒液を設置し、選挙人に対して手指消毒を促しました。

アルコール消毒液

・鉛筆の消毒など

　伊豆市では期日前投票においては、持参した投票所入場券裏面の宣誓書に必要事項を記入してもらい、受付係に通すようにしています。今回の選挙では、新型コロナウイルス感染予防のため、

投票記載台には鉛筆を用意せず、受付の手前の場所に消毒済みの鉛筆を用意し、宣誓書を記載する・しないにかかわらず、鉛筆を1本取ってもらい、投票用紙記載後に、投票箱横又は出口近くに設置した「使用済鉛筆ケース」に返却してもらう方法を採用しました。

　なお、当初はこの方法のみで運用する予定でしたが、県内他市の動向や総務省からの通知内容も加味して、選挙人が持参した鉛筆も使用可としました。ただし、このことに関する通知は自治会への回覧文書には間に合わず、ホームページやメール等による案内のみとなりました。

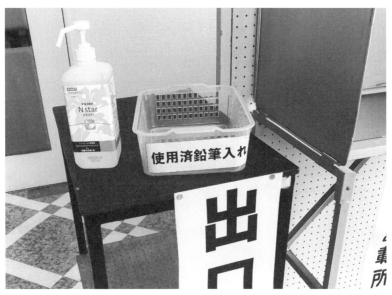

鉛筆返却箱

・選挙人に対する注意喚起
　選挙人の皆さんに対するお願いを、受付前の場所に掲示しました。

投票所での選挙人に対するお願い

① 消毒液を使い、両手（指先から手首まで）を消毒してください。
②「受付係」が順番に案内しておりますので御協力ください。
③ マスクの着用又は咳エチケットに御協力ください。
④ 投票用紙記載台は他の投票者と間隔を空けてください。記載台の
　場所を指定させていただくことがあります。
⑤ 記載台では消毒済みの鉛筆を使用します。
⑥ 使用後の鉛筆は使用済みのケースに入れてください。
⑦ ご帰宅後は、手洗いやうがいの実施をお願いします。

・投票用紙記載台の増設

　伊豆市では従来の選挙では2人用の投票用紙記載台を使用して
いますが、今回の選挙では記載台を増設し、2つのブースのうち
片方のブースを使用不可とすることで、選挙人同士の間隔を空け
るように配慮しました。なお、記載台は定期的に次亜塩素酸水に
よる消毒を行いました。

記載台

・その他の対応

　期日前投票期間中、市内の一般社団法人から急遽、マスク２万枚を寄附していただけることになりました。市の情報メールで、期日前投票所においてマスクを配布する旨の情報を発信し、期日前投票に来た選挙人に配布しました。

（3）当日投票所での感染対策

　伊豆市では、従来の選挙では投票日当日の投票所では、市職員が投票管理者と職務代理者、事務従事者を務め、投票立会人（１投票区あたり３名）は各投票区内の選挙人に依頼しています。通常の選挙では投票管理者と職務代理者、事務従事者を務める市職員全員を対象に職員説明会を開催していましたが、今回の選挙では感染予防の観点から出席人数を減らし、１投票所あたりの出席者を投票管理者又は職務代理者のいずれかと、初めて投票事務に従事する職員に限定しました。説明会では、各投票所の広さなどを踏まえたうえで、できる限りの対策を講じるように依頼しました。

　当日投票所で行われた新型コロナウイルス対策は、以下のとおりです。

① 当日までの健康管理（投票事務従事者等）

　前述の職員説明会や職員が使用するグループウェア（オンライン情報共有システム）を使って次の内容を共有し、健康管理の徹底を依頼しました。また、当日朝に自宅を出る前に手洗いとうがいを忘れずに行うこと、検温して体温が37.5度以上ある場合は投票所に向かわず、直ちに選挙管理委員会まで連絡をすることを周知しました。

新型コロナウイルスの対策について（市長選挙）

１．投票日までのお願い

　投票日当日までは不要不急の外出を控え、体調を整えてください。もし、前日までに発熱や倦怠感等を感じた場合は選挙管理委員会（○○○-○○○○-○○○○）までご連絡ください。

２．投票日当日

　朝、出かける前に手洗い・うがいを忘れずにお願いします。また、体温を測っていただき、万が一にも37.5度以上ありましたら投票所に向かわず、直ちに選挙管理委員会（○○○-○○○○-○○○○）まで連絡してください。

　選挙人に配布するマスクとは別に投票管理者・立会人・事務従事者が使用するマスクを各投票所に10枚ずつ配布しています。高校生の分も含まれていますので<u>全ての従事者のマスク着用</u>をお願いします。

①投票所の設営上の対策

・投票所に到着しましたら、まず換気をしてください。その後も投票所の換気は定期的に行ってください。（概ね、２、３時間に１回は換気を行ってください。）

・アルコール消毒液を各投票所に１つお配りしますので入口に設置してください。

・受付係、名簿対照係、投票用紙交付係の間隔をできるだけ空けてください。

・投票管理者、投票立会人の間隔もできるだけ空けてください。（公職選挙法上、投票立会人は各投票所に２名入れば管理執行上問題ありません。投票所が狭いところはローテーションで２名体制を取っていただいても構いません。）

・記載台の間隔もできるだけ空け、会場が広いところは記載台を増設し、片方を塞いでください。

・次亜塩素酸水、布きん、ティッシュを渡します。記載台は定期的に消毒してください。また、記載台に鉛筆を置かないでください。

・狭い場所は間隔をあける対策が取れない場合がありますので、受付前で順番に案内する等、投票所内が密にならない対策を取っていただけるようお願いします。
・投票終了後、片付けの際は**施設内の除菌**を行ってください。（特に地区や民間にお借りしている施設は念入りにお願いします。）

②投票上の対策
・受付前の選挙人に対し、間隔を空けて並ばせてください。
・まず、投票所入口に設置してあるアルコール消毒液で手の消毒を呼びかけてください。
・受付時に選挙人にマスクを1枚配布してください。（選挙人自らが取るようにしてください。）
・投票用紙交付係が投票用紙と一緒に消毒済みの鉛筆を渡してください。なお、今回の選挙では選挙人に対し、「鉛筆を自ら持参していただいて構わない。」と情報メール等で案内しています。しかし、黒鉛筆以外の筆記用具についてはなるべくお断りして、消毒済みの鉛筆をお渡しください。
・場合によっては、記載台の場所を指示して、選挙人の間隔を空ける等の対応をお願いします。
・記載台で投票用紙に候補者名を記入後、使用済みの鉛筆を返却できるよう、返却用のかごを投票箱の横、または出口近く等に設置してください。

3．その他
　　アルコール消毒液と選挙人に配布するマスクは日曜日の朝、投票用紙と一緒に渡します。

② 受付を待つ選挙人同士の間隔を空ける

　間隔を空けて待ってもらうため、床に待機場所を表示し、一人ひとりの間隔を空けるように配慮しました。

③ アルコール消毒液の設置

　投票所出入口にアルコール消毒液を設置し、選挙人に対して手指消毒を促しました。

④ 鉛筆の使用方法の見直し

　鉛筆は投票記載台に配置せず、投票用紙交付係が投票用紙と一緒に消毒済みの鉛筆を選挙人に手渡すこととしました。投票用紙記載後、鉛筆は投票箱横もしくは出口近くに設置した使用済み鉛筆ケースに返却してもらいました。なお、期日前投票と同じく、選挙人が持参した鉛筆の使用も可能としました。

⑤ 選挙人に対する注意喚起

　受付前の場所に、選挙人に対する投票所内でのお願いを掲示（P69）しました。

⑥ 投票用紙記載台の増設

　期日前投票と同じく、2人用の投票用紙記載台を1人で使用することとし、その分、投票用紙記載台の台数を増設することで、選挙人同士の間隔を空けるようにしました。また、定期的に次亜塩素酸水による記載台の消毒も行いました。

　なお、上記②と⑥は投票所の環境や広さにより、対応ができない投票所もありました。その場合は、受付係による入場制限や投票用紙交付係による記載台の指定といった方法で対応するよう依

頼しました。

（4）開票所での感染対策

　開票所内では、新型コロナウイルス感染対策として、主に以下の対策を行いました。

① 投票用紙自書式読取分類機の使用

　伊豆市では通常、立候補予定者が3人以下の選挙では投票用紙自書式読取分類機は使用していません。今回の市長選挙の立候補者は3人でしたが、感染予防の観点から開票事務従事者の数を減らしたため、それを補うために分類機を使用することとなり、その分、開票にかかる経費が増えました。

② 開披台の削減

　開票所内が密にならないよう、開披台の数を減らして開票作業を行いました。また、開披を行う職員も通常時の1台あたり15～

開票所

20人のところ、今回は1台あたり6～8人に削減。その分、開披にかかる時間が増えました。その他の係もなるべく職員同士の間隔を空けて配置しました。今回は単独選挙であったため、上記のようにスペースに余裕をもって作業を行うことができましたが、今後、複数の選挙を同時に執行する場合は、もっと広い会場を確保することが課題になると考えられます。

③ 参観席の入場制限

　伊豆市では、従来の選挙においては開票所の2階席に参観人用の席を44席設けています。今回の選挙では感染予防の観点から、1席ごと間隔を空け、22席として使用しました。立候補者陣営には席を削減した旨を事前に伝え、各陣営数名ずつの入場制限を依頼しました。参観人席に隣接する報道席は特に制限せず、マスクの着用と入退室時のアルコール消毒を依頼することとしました。なお、マスクをしていない参観人及び報道関係者にはマスクの配布を予定していましたが、実際は全員がマスクを着用していたた

参観席

め、配布は行いませんでした。

④ アルコール消毒液の設置

　開票所と参観席出入口にそれぞれアルコール消毒液を設置して、事務従事者、参観人及び報道関係者に対して消毒を促しました。

アルコール消毒液

⑤ 開票所内の換気について

　開票作業中は換気ができなかったため、開票開始20分前まですべての扉と窓を全開にして換気を行いました。

（5）選挙人からの問い合わせ・意見など

　年配者や妊娠中の選挙人、近隣都市の住民から「新型コロナウイルス感染症が蔓延している中、選挙をやっていいのか」「投票所に行って感染しないか不安だ」といった苦情や意見が寄せられま

したが、件数は10件以下にとどまりました。

　また、新型コロナウイルスに感染したくないという理由で、代理者による投票や郵便による投票をしたいという要望もありましたが、現行の制度ではできない旨を説明し、理解していただきました。

（6）選挙結果（投票率）
　59.01％（前回投票率50.20％）

４．衆議院小選挙区選出議員補欠選挙（静岡県第４区）（令和２年４月14日告示、４月26日執行）

（１）選挙の背景

　今回、補欠選挙が執行された静岡県第４区は、政令指定都市である静岡市のうち清水区（及び葵区の一部）、富士宮市全域及び富士市のうち旧富士川町が対象区域です。令和元年12月19日に同区選出の望月義夫衆議院議員が逝去されたことに伴い、衆議院小選挙区選出選挙に欠員が生じたことから、公職選挙法第113条第１項第１号及び第33条の２第２項の規定により、補欠選挙を執行することとなりました。

（２）選挙の日程

　補欠選挙を執行することが判明した12月19日には、県選挙管理委員会書記長以下、事務局内の関係業務担当者が緊急ミーティングを開いて当面の作業方針を確認しました。特に優先的に準備を進めたのは、選挙執行関連の日程調整、事務局内の執行体制（人員）の確認及び補正予算等の措置でした。

　令和２年２月20日には、正式に選挙管理委員会を開催し、告示日を４月14日（火）、選挙期日を４月26日（日）とする日程を決定しました。

　新型コロナウイルス感染症の感染拡大については、令和２年２月28日の衆議院予算委員会の質疑において、安倍首相が「補欠選挙は延期要請対象のスポーツ、文化イベントではない」、また、高市総務大臣が「補欠選挙の期日延期には、立法措置が必要となる」

との答弁をし、全国的にも報じられたことから、当県選挙管理委員会事務局内でも、改めて予定どおりの執行を前提に、どのような感染防止対策を講じるかという点に絞って検討を進めることとしました。

（3）静岡県選挙管理委員会の体制

　静岡県選挙管理委員会の事務局体制は、書記長（経営管理部地域振興局長兼務）、総括書記長補佐（同局市町行財政課長兼務）、書記長補佐（同局地域振興課長兼務）以下、地域振興局職員46人が選挙管理委員会書記を兼務して選挙事務の執行に当たっています。

　専任職員は5人（うち非常勤職員1人）の体制であり、選挙全体の執行管理を行っています。専任職員以外の兼務職員は、主に投票用紙の作成、臨時啓発事務、選挙公報の作成、政見放送、投開票速報事務等を分担しています。今回の選挙は対象区域が第4区に限られるため、総選挙の執行と比較して規模は小さくなるものの、準備事項や手順はほぼ変わりがないため、事務局内の役割分担は参議院議員通常選挙（選挙区分）並みを想定した体制をとりました。

（4）新型コロナウイルス感染症への対策

① 市区選挙管理委員会との調整

　令和2年2月26日の第1報以降、総務省選挙部から全6報にわたる通知が各都道府県選挙管理委員会委員長宛てに発出され、感染症対策基本方針の徹底、地方選挙における対応、全国の対応状況の調査結果提供など詳細な技術的助言がありました。

当県選挙管理委員会において議論となったのは、これらの通知を受け、県選挙管理委員会として重ねて関係市区選挙管理委員会に取扱通知を発出して統一的な対応方針を示すかという点でした。

　この点については、衆議院静岡県第4区補欠選挙に関係する市区選挙管理委員会が、静岡市、富士宮市及び富士市と限定的であり、電話等による直接の連絡調整が比較的容易であったこと、事前に行った市区選挙管理委員会担当者説明会における意見交換において、以下のような意見があったことなどから、県選挙管理委員会から改めての通知を発出しないこととしました。

＜意見＞
・感染防止対策において重要なマスクや手指消毒用の消毒液等の資材が市場に出回っておらず、国の通知に記載された対応が全市区で同様に実施可能か見込めない。
・投開票所の立地や環境は様々であり、予防対策について基準を画一的に当てはめることが果たして適当なのか。

　代替措置として、当選挙管理委員会では、ほぼ毎日、各市区の選挙管理委員担当者と電話連絡をとり、感染防止に関する各市区の対応方針や対応状況を聞き取り、関係市間に情報共有を行うとともに、当選挙管理委員会としての対応を検討しました。

　投票所及び開票所における感染防止対策は、当該業務に習熟した市区選挙管理委員会の運用に委ねることとなりましたが、市区選挙管理委員会において、限られた期間と人員の中で、様々な対策や現場ならではの工夫を凝らした対応がなされた結果、感染症に関する問題は発生することなく、無事に選挙が執行されました。

② 県選挙管理委員会における対応

ア．臨時啓発事項の調整

　　県選挙管理委員会としてまず取り組んだのは、臨時啓発を活用した感染防止対策に関する周知です。

　　選挙人に投票所等で実施する感染防止対策の取組を伝え、安心して投票していただくことに加え、選挙人自身にも感染防止に努めていただくため、既に啓発が実施されていた令和２年３月22日執行の熊本県知事選挙等の啓発事例（P53）を参考に、以下の媒体で啓発を実施しました。各媒体に掲載する啓発文については、事前に各市区選挙管理委員会と内容を調整し、各現場における対応と啓発文の表現との間に齟齬がないように努めました。

＜啓発媒体＞

当初計画分

・静岡県選挙管理委員会ホームページ（衆議院静岡県第４区補欠選挙特設ページ）※モバイル版を含む

・選挙公報、選挙公報の朗読テープ

・啓発ポスター（一般用、駅貼り、電車中吊り、バス）

・選挙のお知らせ（点字版）

・広報車放送用CD

・委員長談話（告示日、投票日前日）

拡充分

・テレビ、ラジオ番組

・新聞広告

・駅ポスター

・バス広告

・駅デジタルサイネージ

イ．啓発内容の見直し

　東京オリンピック・パラリンピックの延期が決定された３月下旬には、県の選挙管理委員会では、当初予定していた臨時啓発のうち、多くの人が集まるメインイベントや、手渡しで啓発物品を配布する街頭の啓発は感染症拡大防止のため中止することとし、テレビ情報番組等での啓発やポスター広告の掲出の拡充に振り替えることを決定しました。

　同時期には、衆議院静岡県第４区補欠選挙の延期を検討すべきとの意見が出始めたことから、４月２日、総務大臣が改めて「新型コロナウイルス感染拡大を理由に選挙を延期することは困難である」との見解を示しました。この時期は、全国的な感染拡大を受け、日増しに緊張感が高まっていた時期でした。県選挙管理委員会では、このような状況下における感染防止対策の周知を含めた更なる啓発拡充のため、駅におけるデジタルサイネージ広告や、ラジオ番組、新聞広告を追加し、選挙人への更なる周知・徹底を図りました。

③ 市区選挙管理委員会における対応

ア．投開票所の感染防止対策

　市区選挙管理委員会においては、県選挙管理委員会同様、選挙人への選挙執行の周知と併せた感染防止対策の周知とともに、投票所等における具体的な対策を進めました。市区選挙管理委員会が取り組んだ主な感染防止対策は以下のとおりです。

【すべての市区において実施された感染防止対策】

・事務従事者にマスクを配布し、着用を指示
・事務従事者及び選挙人に対し、咳エチケット、手洗い・うがい
　等の励行・啓発
・投票所に消毒液の設置、使い捨て手袋の配布を実施
・投票所と期日前投票所における換気の励行
・投票記載台の間隔を空ける
・「3密」を避けるための動線の設置

【その他の取組事例】

・投票記載台や備え付け筆記具の定期的な消毒
・筆記具持参が可能である旨を周知
・使い捨て鉛筆の併用
・投票所受付に透明ビニール等によるシールドを設置

　市区選挙管理委員会の担当者からは、「投票所の感染防止対策には可能な限り準備をしているが、肝心のマスクや手指消毒用のアルコール消毒液が手に入らない」との報告がありました。必要な感染防止用資材の市場流通が限られ、かつ、医療・福祉等への供給が最優先される状況下では、選挙用として当該資材を確保することは困難を極め、予算の確保のみで解決できる問題ではないことが浮き彫りになりました。

　投票記載台や鉛筆などの消毒に使用される次亜塩素酸水は入手可能であったものの、県生活衛生部局に確認したところ、次亜塩素酸水は医薬品として認定を受けた製品がほとんどなく、手指消毒のために使用することは難しいのではないかとの助言がありました。

結果的には、期日前投票開始直前に市場流通の状況が回復し、事務従事者が使用するためのマスクや、選挙人が使用する手指消毒液を確保することができました。

イ．投票所等における混雑回避対策

　（令和２年）４月に入ると感染症の拡大は全国的に深刻さを増し、選挙の延期検討を求める声も更に強くなりました。４月６日には、総務省自治行政局選挙部長から関係市選挙管理委員会宛ての「衆議院静岡県第４区選出議員補欠選挙における新型コロナウイルス感染防止対策について（依頼）」通知により、選挙人の投票機会及び投票における安全・安心を確保する観点から、特に下記事項について積極的な措置が求められました。

＜積極的な措置を求められた事項＞
・選挙人の分散を図る観点から、期日前投票の積極的な利用を呼びかけるとともに、期日前投票所の増設や期日前投票所の開設期間及び投票時間の延長をすること
・移動期日前投票所を積極的に設置すること
・選挙人が安心して投票できるよう、投票所等における感染症対策の取組や上記の措置について様々な媒体を用いて積極的に広報を行うこと

　これを受け、市区選挙管理委員会では、投票所の混雑回避対策として、急遽次のような対策を講じました。いずれも、４月14日の告示日まで時間的猶予のない中、選挙管理委員会のみならず全庁をあげての対応となりました。

【期日前投票所の増設、時間及び期間の延長】

静岡市及び富士宮市の２市では、当初設置を予定していた期日前投票所に加えて、以下のとおり期日前投票所の拡充措置が講じられました。

・期日前投票所の増設：静岡市（１か所）、富士宮市（１か所）
・期日前投票所の開設期間の延長：静岡市（２か所）
・期日前投票所の開設時間の延長：静岡市（３か所）、富士宮市（２か所）

※開設時間の延長については、終了時間を後ろに延長して仕事帰りの選挙人に配慮しました。
※富士市は該当有権者が市全体の約6.2％、当初予定の投票所数は純増

【移動期日前投票所の新設】

静岡市及び富士宮市において、初の取組として移動期日前投票所の設置を行いました。いずれの市も今回が初めての取組となることに加え、投票箱を設置する車両に隣接するテントの設置や感染防止対策として選挙人の間隔を空けるための誘導器具や表示の設置、投票所の場所が遠方から確認しやすいようにアドバルーンを上げるなど、様々な工夫を凝らした対応がなされました。

移動期日前投票所の設置は以下の日程で実施され、感染防止対策として報道にも大きく取り上げられました。利用した選挙人からも「感染症対策を工夫してくれたので、安心して投票できた」「近くに来てくれて非常に助かる」などの反応がありました。

・静岡市：市内６か所を巡回（全３日間で１日２か所、各２時間程度）（バス）
・富士宮市：市内７か所を巡回（全４日間で１日２か所、各３時間程度）（ワンボックスカー）

【使い捨て手袋の確保・提供】

　告示日直後の４月16日には緊急事態宣言の対象が全都道府県に拡大され、静岡県でも４月17日には外出や県境をまたいだ移動の自粛が呼びかけられました。

　このような状況下において、県としてもでき得る限りの感染防止対策の強化・拡充を図るため、投票者に使い捨て手袋を配布することとし、期日前投票の対応等で多忙な各市区選挙管理委員会に代わり、県が一括調達を行い、市区選挙管理委員会に提供し、各投票所の感染防止対策として配布しました。

【投票所の混雑状況について選挙人に情報提供】

　市区選挙管理委員会では、選挙人に投票所・期日前投票所における混雑状況を把握し、混雑回避の参考としてもらうため、市区のホームページやTwitterにより、投票所の混雑状況の発信を行いました。静岡市における取組は、市のキャラクターが投票所の混雑状況を紹介する写真に映り込み、選挙人に視覚的に情報発信するというユニークなものでした。

ウ．開票所の感染防止対策

　報道機関からは、投票所のほか、開票所における感染防止対策についても、多くの質問や取材がありました。開票所では、多くの関係者が事務に従事するため、「密」が発生しやすいことから、以下のような対応がなされました。

＜すべての市区において実施された感染防止対策＞
・事務従事者にマスクを配布し、着用を指示
・事務従事者に対し、咳エチケット、手洗い・うがい、使い捨て

　手袋の着用等を励行
・開票所に消毒液の設置
・開票所における事務従事者間の距離を保つよう指示
・開票所の換気を励行

＜そのほかの取組事例＞
・事務従事者は手作りのフェイスガードを着用
・事務従事者の配置は固定し、一部の庶務が票を運搬

　以上、いずれの感染防止対策についても、県及び市区選挙管理委員会は、臨時啓発の各種媒体を活用して周知することに加え、報道機関等への情報提供等、機会を捉えて広く選挙人に周知するよう努めました。

　しかし、選挙期日まで電話やメールにより、「この緊急事態宣言発令下において補欠選挙を実施するのか」「延期すべきではないか」とのご意見を県及び市区選挙管理委員会宛てに多数いただきました。

　これらの問い合わせ等には、「選挙は民主主義を支える重要な基盤であり延期要請対象のイベント等とは異なること、県及び市区選挙管理委員会においては投票機会の確保と新型コロナウイルス感染防止対策の両立のため全力で取り組んでいること」等を丁寧に説明し、理解を求めました。

（5）選挙結果（投票率）

　投票率については、静岡県の小選挙区が現行の8区割となった平成15年11月9日執行の衆議院議員総選挙以降では最も低い

34.10％（衆議院議員補欠選挙では戦後全国で5番目に低い数値）となりました。

　補欠選挙は、その特殊性から総選挙と比較して選挙区が限定的となるため、投票率が低くなる傾向があり、選挙啓発についても対象区域が限られることから、全国ベースでのパブリシティが得られる総選挙と比較して、有権者への訴求力が低くならざるを得ません。

　また、新型コロナウイルス感染拡大防止のため、でき得る限りの対策を講じてきたものの、告示後の4月17日に静岡県内にも緊急事態宣言が発令されるなど、全国的な感染に関する不安感の高まりの中で、有権者の投票行動に影響があった可能性は否定できません。

　一方、期日前投票については、当日投票所の混雑回避のため投票所の拡充と積極的な活用を周知したことから、過去最高の期日前投票率（36.58％）を記録した前回衆議院議員総選挙には届かなかったものの、令和元年執行の参議院議員通常選挙の29.00％に迫る28.95％となりました。単純比較はできないものの、これは期日前投票制度が導入されて以降、当選挙管理委員会執行の選挙で3番目に高い数値となりました。

※出典「月刊選挙 令和2年7月号」

第5章

新型コロナウイルス感染症と選挙管理 執行等に関するQ&A

　本書では、当研究会の会員都市から寄せられた新型コロナウイルス感染症に起因する選挙執行等に関する質疑の主なものをQ＆Aにまとめました。なお、あくまでも当研究会としての見解による回答であることについて留意してください。

1．選挙の執行と期日関係

Q1 新型コロナウイルス感染症の感染が拡大するおそれがある場合、予定されている選挙の執行を延期できますか？

A 原則として選挙の執行は延期できません。

　公職選挙法では、選挙を行うべき事由（任期満了、解散）ごとに選挙を行うべき法定期間が規定されていますが、「特定の場合には、選挙を行うべき期間後に選挙の執行を延期できる」とする規定はありません。

　したがって、選挙を行うべき事由が生じた場合には、公職選挙法に規定されている選挙を行うべき期間に選挙期日を定め、選挙を執行することになります。

　ただし、地方選挙については、天災その他やむを得ない理由

により選挙を行うべき期間内に選挙を執行できない場合には、違法性は阻却され、そのことによって選挙無効となることはないと解される行政実例（「任期満了による選挙期日に関する質疑」昭和45年9月12日奈良県選管宛て電話回答）があります。

Q2 新型コロナウイルス感染症の感染が拡大するおそれがある場合、既に告示した選挙期日を延期することはできますか？

A 原則として、告示した選挙期日に選挙を執行します。

　公職選挙法上、既に選挙期日が告示されている場合（選挙が始まっている場合）において、「選挙期日を延期することができる」との規定はないため、告示された選挙期日に選挙を執行することになります。

　ただし、「天災その他避けることのできない事故により投票を行うことができないとき」、例えば、伝染病の集団的な発生等により、一定の区域の健康な者までが、他地区との交通を遮断されたために投票所に到達することができないような場合には、当該投票区において当初の選挙期日後に投票の期日が延期され、繰延投票が行われることになっています（公職選挙法第57条）。ただし、新型コロナウイルスが国内で流行しても、特定の区域で交通が遮断されるような状況でなければ、一般的には、繰延投票の事由には当たらないと考えられます。

　なお、ここでいう「天災その他避けることのできない事故により投票を行うことができないとき」とは「地震、火災、水害、吹雪、積雪、伝染病の発生等をはじめ、選挙管理機関として避けることのできない事故によって、投票所を開設することがで

きない場合及び選挙人が投票することができない場合」を指します。

Q3 新型コロナウイルス感染症の国内感染が拡大するおそれがある場合には、感染拡大防止策として外出や集会の自粛が要請されます。投票所に人が集まる選挙も延期すべきではないですか？

A 原則として、公職選挙法が定める期間内に選挙が行われるべきです。

　新型コロナウイルスの感染が拡大した場合、外出や集会の自粛要請をはじめとする様々な感染拡大防止策がとられることになります。しかし、その一方で、社会・経済機能を維持し、最低限の国民生活は維持できるようにしなければなりません。

　仮に新型コロナウイルスの感染が終息するまで選挙が執行されない場合には、国会議員や地方公共団体の長・議員が長期にわたって不在となり、必要な予算や施策を決定できず、かえって国民生活に大きな支障を及ぼすことになりかねません。

　選挙は民主政治の基盤をなす重要な手続きであるため、代表者の不在が生じないよう、原則として公職選挙法に定められた、選挙を行うべき期間に選挙が行われるべきものと考えられます。

Q4 新型コロナウイルス感染症の感染拡大防止のため、政府は多数の人が集まる全国的なスポーツや文化イベント等の中止、延期又は規模縮小等の対応を要請しています。そんな中、選挙を執行しても問題ないのでしょうか？

A 原則として、問題ありません。

政府が規模縮小等の対応を要請しているのは、スポーツ、文化イベント等であり、選挙はこれには該当しないと解されています。

（令和2年4月7日　参議院・議院運営委員会）

> ○委員　　（略）
> 　続きまして、緊急事態宣言の対象となった地域においても、今後たくさんのですね、選挙があるんですね、地方選挙がある。こういった地方選挙、こういったものは国民の皆さんに投票に行っていただきたいのですけれども、ただやっぱりそういったところで感染拡大していく。こういったことですね、防いでいく注意が大事だと思います。この選挙の延期をですね、していくべきだという風に考えますがいかがでしょうか。
>
> ○内閣総理大臣
> 　選挙はですね、住民の代表を決める民主主義の根幹をなすものでありまして、任期が到来すれば、決められたルールの下で次の代表を選ぶというのが民主主義の大原則であって、不要不急の外出には当たらないと考えています。

これまで、選挙期日及び任期を延長する特例法が制定されたのは、「阪神・淡路大震災」及び「東日本大震災」の2例のみであります。

これは、有権者の把握や施設確保などの観点から、選挙の管理執行が物理的に困難であったことによるものでありまして、被災地の選挙管理委員会からの要請を受けて、特例法を制定したものと認識をしています。

政府としては、選挙を実施する場合には、投票所における感染防止対策の徹底や、期日前投票の積極的な利用により、投票所に人が集中することを避ける取組を要請しているところであります。

引き続き、新型コロナウイルス感染症の動向に注意をしつつ、各地で執行される選挙が滞りなく執行できるように努めてまいりたいと思います。

Q5 新型コロナウイルス感染症が国内で大流行し、選挙が執行できない場合に備えて、必要な場合には地方選挙の選挙期日を延伸することができるように法律で定めておくべきではないでしょうか？

A あらかじめ法律で制度化しておくことは困難です。

災害等が発生し、客観的に選挙を執行することができないと認められる場合において、選挙期日を延伸するとしても、

選挙期日をいつまで延期するか、

任期の特例は必要か、

任期の特例期間はどれくらい必要か、

地域的な範囲をどのように限定するか、

などについて、個々具体のケースにより判断せざるを得ないことから、あらかじめ事態を想定して制度化しておくことは困難だと思われます。

　なお、公職選挙法においては、選挙期日の告示後に天災等により投票ができなくなった場合の繰延投票の規定や、投票所の変更、開票期日の延期など、災害等の場合を想定した規定がおかれています。

Q6 新型コロナウイルス感染症の感染が懸念されるため、期日前投票をしようと考えていますが、期日前投票の事由として認められますか？

A 認められます。

　新型コロナウイルス感染症への感染が懸念される状況は、公職選挙法第48条の2第1項第6号（天災又は悪天候により投票所に到達することが困難であること。）の事由に該当するため、期日前投票を行うことができます。

　むしろ、各選挙管理委員会においては、地域の実情に応じて新型コロナウイルス感染症の感染防止の観点から、投票日当日、投票所に選挙人が集中することを避けるため、期日前投票の積極的な利用の呼びかけを検討すべきです。

　その際には、選挙人の分散を図る観点から、期日前投票所の増設や移動期日前投票所の活用、期日前投票所内の設備の増強を図るとともに、期日前投票所の混雑状況やその見込みに関する情報提供に努めるなど、混雑対策について十分に留意することが必要です。

Q7 緊急事態宣言が維持されるのであれば、東日本大震災の発災時と同様に、特例法による選挙の延期をするべきではないでしょうか？

A 今回の場合、特例法の制定はしないとのことです。

選挙は、住民の代表を決める民主主義の根幹をなすものです。議員や長の任期が到来すれば、決められた公職選挙法等の定めに従い、次の代表を選ぶというのが民主主義の大原則ですので、選挙の執行については、不要不急の外出に当たらないというのが政府の見解です。

これまで、選挙期日及び任期を延長する特例法が制定されたのは、阪神・淡路震災及び東日本大震災の発災時に、「阪神・淡路大震災に伴う地方公共団体の議会の議員及び長の選挙期日等の臨時特例に関する法律（平成7年法律第25号）」及び「東日本大震災に伴う地方公共団体の議会の議員及び長の選挙期日等の臨時特例に関する法律（平成23年法律第2号）」が制定された2つの事例があります。これらは、選挙人の把握や施設の確保などの観点から、選挙の管理執行が物理的に困難であったということであり、その制定については、選挙の管理執行機関たる被災地の選挙管理委員会からの要請があったとのことです。

2．投開票事務関係

Q1 新型コロナウイルス感染症の感染拡大への懸念から、対応策として投票所で準備する筆記具の消毒を考えていますが、仮に投票人が「ウイルスの感染が怖いので、持参した自分の筆記用具で投票用紙に記載したい」と申し出た場合、どう対応すればよいのでしょうか？

A 選挙人が持参した筆記具を用いても問題ありません。

　そもそも、投票所に筆記具を備えることは公職選挙法等で義務付けられているわけではありません。

　しかし、現実的には選挙人が筆記用具を持参することはまれであるため、投票所に鉛筆などを用意することが慣例になっているに過ぎません。公職選挙法上、投票が有効とされるのは「色素を用いて候補者の氏名を自署したもの(記号式投票を除く。)」であるので、選挙人が持参した筆記具を用いても何ら問題ありません。

Q2 投票所にマスクを着用せずに来場した選挙人が、投票記載台の前で咳き込んでいたため、マスクを貸し出し、マスクの着用を促したところ、着用を拒否されてしまいました。この場合、どのような対応が適切でしょうか？

A 投票所内の秩序が維持できない場合は退出させます。

　着用を強制することはできませんが、当該選挙人がマスクを着用せずに咳き込むなどしたことによって、周囲の選挙人とトラブルになるなどして投票所内の秩序が維持できないと判断し

た場合、投票管理者は公職選挙法第60条（投票所における秩序
保持）の規定により、退出を命じることができます。

　なお、マスクを着用しない選挙人が来場したときのために、
・投票所内に使い捨てマスクを用意する
・ソーシャル・ディスタンスが保てるようなレイアウト・動線
にする
などの措置を講じておくようにしてください。

　また、市町村の広報やSNSなどを通じて、選挙人に投票所来
場時のマスク着用を呼びかけることも大切です。

Q3 新型コロナウイルス感染症の感染拡大防止のため、開票所の
一般参観について参観禁止の措置をしても問題ないでしょうか？

A 原則として、禁止すべきではないと考えます。

　公職選挙法第69条で規定する開票の参観は、開票事務の公正
を期するうえから、開票事務を公開しているものです。また、
選挙人は選挙の公正が害された場合、争訟を提起できる立場に
あるため、開票の参観は重要な意義があります。したがって、
たとえ新型コロナウイルス感染症対策のためであっても、参観
を不可とするのは消極に解されます。

　ただし、ソーシャル・ディスタンス確保のための人数制限や、
開票の参観に来た選挙人に向けて会場の入口等に「発熱等のあ
る方には、開票の参観をご遠慮いただいております」という掲
示をしたり、ホームページ等で周知をしたりすることは、開票
管理者（公職選挙法第74条）又は選挙長（公職選挙法第85条）

の開票所や選挙会場の秩序保持の対応として差し支えないもの
と考えられます。

Q4 コロナ禍で投票施設において、感染者と濃厚接触した者を後
から確認できるように事前に選挙人に追跡システム等に登録
してもらい、感染者が出た場合、感染疑いがある選挙人につい
て投票所にいたことを公表することは、公職選挙法第52条の
投票の秘密保持に反するでしょうか？

A コロナウイルス感染拡大防止の観点より、感染の疑いがある
選挙人が投票所にいたことを公表することは公職選挙法第52
条、憲法第15条第4項に違反するものでないと解します。

　公職選挙法第52条、憲法第15条第4項については、「選挙人
の投票した被選挙人の氏名又は政党その他の政治団体の名称若
しくは略称を陳述する」とあり、法の趣旨としては選挙人の投
票の内容について秘密保持するものであり、選挙人が投票所に
いたことを公表することが直ちにこの規定に抵触するとは考え
にくく、公表される者についてはあくまで投票所になっている
施設を利用した者として考えてよいでしょう。

　また、コロナウイルスの感染拡大防止の観点より、選挙人だ
けでなく施設利用者の人身の安全を考えるうえでは、感染者と
濃厚接触の疑いがある場合については速やかに公表すべき事柄
だと考えられます。

Q5 不在者投票の指定施設となっている病院が、新型コロナウイルス感染症患者への対応により人員不足に陥っていることを理由に不在者投票の事務を拒否することはできますか？

A できません。指定施設においては不在者投票を行わせるべきです。

　期日前投票事由（公職選挙法第48条の2第1項第6号）や繰延投票（公職選挙法第57条第1項）の場合と同じく、「天災その他避けることのできない事故」には、概念上、「感染症」も含まれていると考えられます。一方、「人員不足」という理由については、たとえば外部から人的支援等を行うこともできることを考えると、不在者投票ができない「やむをえない事情」には一般的には想定されないでしょう。

　不在者投票は選挙当日投票所投票主義の例外ではあるものの、新型コロナウイルス感染症により入院措置（隔離）された選挙人は事実上、指定施設における不在者投票しか投票手段がない（郵便等投票ができる者を除く。）と考えられ、不在者投票ができなければ当該選挙人は投票の機会を失ってしまうことになります。

　過去には、指定病院にいるコレラ患者の不在者投票について「投票をさせないということはできない。不在者投票を記載すべき場所は、隔離して設けることとする。投票については殺菌を行うなど、安全を確保しなければならない」とした昭和54年の行政実例もあります。

　したがって、指定施設においては不在者投票を行わせるべき

であり、指定する都道府県選挙管理委員会においても、各指定病院等の状況等を踏まえ、不在者投票事務が適切に行われるよう、市町村の選挙管理委員会とも連携し、人的支援など必要に応じた協力を検討することが望ましいと考えられます。

3. 選挙運動関係

Q1 今後、県内で新型コロナウイルスの感染者が発生した場合、選挙管理委員会として、候補者に選挙運動の自粛（個人演説会の開催自粛など）を要請しても法的に問題ないでしょうか？

A 各候補者等において自ら判断すべきです。

　民主主義、国民主権の基礎をなす選挙運動を含む政治活動の自由は、最大限尊重されるべきものと考えられます。また、選挙の管理執行機関が法の規定によらず選挙運動の自粛を求めることについては、選挙の公正を害するおそれがあり、不適切であるとも考えられ、場合によっては選挙無効の原因となり得ることも考えられるため、候補者等に対して選挙運動の自粛を呼びかけることは差し控えるのが適当です。

　候補者等がどのような選挙運動を行うのかは、政府の「新型コロナウイルス感染症対策の基本方針」(令和2年2月25日)を踏まえたうえで、それぞれの候補者や政党等において自ら判断されるべきものと考えられます。

Q2 次の市長選挙に立候補を表明している現職の市長Ａ氏が、選挙期日の約１か月前に新聞折込の方法でビラを頒布しました。ビラは「後援会NEWS号外」として頒布されており、新型コロナウイルス対策にかけるＡ氏の想いや市民への呼びかけが掲載されているほか、Ａ氏の氏名と写真、経歴も掲載されています。このビラについて、対立陣営から「事前運動に当たるので、告発すべきではないか」という通報がありましたが、どのように対応すべきでしょうか？

A 公職選挙法に抵触するおそれは否定できませんが、選挙管理委員会に告発義務はありません。

　選挙期日を約１か月後に控えたタイミングで頒布されたこと、選挙の行われる地域に新聞折込により無差別に頒布されたことを鑑みると、本ビラは現職市長のコロナウイルス対応に藉口した(かこつけた)氏名の普及宣伝であり、事前運動として公職選挙法第129条に抵触するおそれは否定できないでしょう。

　ただし、選挙管理委員会には、違法な文書図画の掲示に対する撤去命令（公職選挙法第147条、第201条の11第11項、第201条の14第2項）及び違法な選挙事務所に対する閉鎖命令（公職選挙法第134条）以外の、選挙運動に係る個々の行為について違法行為であるか否かの実質的調査権が付与されていません。したがって、本件ビラについても違法性の有無や違法行為者の特定について調査・確証を得る立場にはないものと考えられます。その確証が得られない以上、選挙管理委員会の本件に関する告発義務は消極に解さざるを得ず、本件ビラについては、

市民から通報があった旨を取締当局に情報提供するにとどめるべきでしょう。

Q3 新型コロナウイルス感染症感染拡大予防の観点から、オンライン会議システム「ZOOM」を使って選挙の出陣式を行い、選挙区内外の後援会メンバーとオンラインで繋げて、立候補予定者が出陣にあたっての決意を述べたり、参加者から激励のメッセージを述べてもらったりする行為は、公職選挙法に抵触するのでしょうか？

A 場合によっては、公職選挙法に抵触するおそれがあります。

　一般論としては、本質問の「インターネット出陣式」は参加者全員が後援会関係者であっても、当該会合の規模や内容等の態様によっては選挙運動と認められる可能性があり、開催する時期や内容によっては事前運動として公職選挙法に抵触するおそれがあります。

　また、「インターネット出陣式」の映像に関しても、それぞれの参加者の映し出されている映像の態様により、当該映像が選挙運動用文書図画と認められる場合、ウェブサイト等を利用する方法による選挙運動用文書図画の頒布（公職選挙法第142条の3）として、それぞれの参加者が映し出されている映像に当該参加者の電子メールアドレス等を表示する必要があります。

　さらに、この「インターネット出陣式」の開催について閲覧用URL等を参加者に電子メールや文書等で案内する場合も、その記載の態様によっては当該電子メールや文書等が選挙運動用文書図画と認められる可能性があります。この場合、案内の方

法に応じ、公職選挙法の規制を受けることとなるほか（例：文書図画の頒布については同法第142条、ウェブサイト等を利用する方法による頒布については同法第142条の３、電子メールを利用する方法による頒布については同法第142条の４、掲示については同法第143条など）、当該文書図画を選挙の告示前に頒布した場合には、事前運動として同法第129条に抵触するおそれがあります。

　いずれにしても、個別の行為が公職選挙法の規定に抵触するか否かについては、具体の事実に即して判断されるべきです。

Q4 新型コロナウイルスの感染拡大防止のため、学校、公民館その他の施設が多数閉校（閉館）している状況の中、選挙の候補者から閉校（閉館）中の施設を使用した個人演説会開催の申出があった場合、これを拒否することはできますか？

A 具体的な理由がある場合は、使用を拒否することができます。

　できる限り、個人演説会の会場として使用を認めるように取り扱うのが望ましいものの、新型コロナウイルス感染拡大防止のために閉校（閉館）している状況において、例えば、職員等の人的体制の確保が困難である場合や、安全面に支障があり適切な公営施設の提供ができないなど具体的な理由がある場合には、使用を拒否することを否定するものではありません。

　公職選挙法施行令第116条の規定により、個人演説会等の施設は、学校にあっては授業、研究又は諸行事、その他の施設にあっては業務または諸行事に支障がある場合においては、個人演説会を開催するために使用することができないとされていま

す。また、公職選挙法施行令第117条により個人演説会等の施設の管理者は、個人演説会等の施設を使用することができないかどうかを決定し、その旨を市町村選挙管理委員会及び申出を行った候補者等に通知しなければなりません。

　「研究又は諸行事」及び「業務又は諸行事」の内容又は範囲については明確ではありませんが、行政実例等においては、主催者が誰かを問わず、すでに他の催し物の予約が入っている場合、投票日前日の設営の必要がある場合（昭和35年選挙時報）、条例や規則で定められた公民館の休館日である場合（昭和58年行政実例）などは開催を拒否できるとしています。また、平成7年の行政実例の意見においては、職員の人数の確保が困難な場合も拒否できるものと解されています。

　しかし、公職選挙法第161条により公営施設における個人演説会の開催が保障されている趣旨や、演説会の公益性にかんがみ、ほとんどの実例においては、できるだけ演説会が開催できるように助言されており、他の行事の有無や条例規則で規定されている等、具体的かつ合理的な理由がなければ、業務上又は諸行事に支障があるとはいえず、演説会の開催を拒否することはできないと考えられています。

　この質問についても、できる限り開催するように取り扱うのが望ましいものの、新型コロナウイルスの感染拡大防止のため施設が閉校（閉館）している状況にかんがみ、例えば、職員等の人的体制の確保が困難な場合や安全面に支障があって演説会をするのに適切な公営施設の提供ができないなど具体的な理由がある場合には、施設の管理者権限により開催を拒否することを否定するものではないと考えられます。

4. 政治活動関係

Q1 政治資金規正法第8条の2に規定される政治資金パーティーについて、新型コロナウイルス感染症の感染拡大への懸念から、従来のような形式で行うのではなく、オンラインのライブ配信の形式（有料）で行っても問題ないでしょうか？

A オンライン配信での開催は、政治資金パーティーには該当しないものと考えられます。

　「政治資金パーティー」とは、「対価を徴収して行われる催物」であって、「当該催物の対価に係る収入の金額から当該催物に要する経費の金額を差し引いた残額を当該催物を開催した者又はその者以外の者の政治活動（選挙運動を含む。これらの者が政治団体である場合は、その活動）に関し、支出するもの」とされており、ここでいう「催物」とは人を集めて行う様々な会合などのことであり、屋内で行われるか屋外で行われるかは問わないと解されています（逐条解説 政治資金規正法（第2次改訂版）P90参照）。

　したがって、本件のように対価を徴収して、オンラインのライブでいわば無観客の状態での政治資金パーティーの内容を配信したとしても、その視聴者は分散して一定の場所にいることになり、一堂に会して視聴しているわけではないので、政治資金規正法第8条の2で規定する政治資金パーティーに該当する「催物」には、一般論としては当たらないのではないかと考えられます。

　このことから、本件のような方法により有料でライブ配信を行い、政治団体が収入を得ること自体は法で禁じられるわけではありませんが、これに伴う収入と支出については、同法第9条の会計帳簿への記載が必要であり、収支報告書への計上もしなければなりません。

　なお、ライブ配信を視聴するための対価として支払をした者が、そもそも視聴する予定がない場合は、ライブ配信をした政治団体等への寄附に該当するのではないかという疑義が残りますが、これは事実認定の問題であり、選挙管理委員会の範疇外です。

5．寄附の禁止関係

Q1 市議会議員や市長が特別定額給付金を辞退すること（申請を行わないこと）は、公職選挙法上の寄附禁止に該当するのではないかとの問い合わせを受けていますが、辞退することは、寄附禁止に抵触するのでしょうか？

A 公職選挙法上の寄附禁止に抵触するものではないと考えられます。

　特別定額給付金は、住民が市区町村に対して申請を行うことによって、初めて給付を受けることができるものですので、当該申請を行わない結果として特別定額給付金を受け取らないことは、公職選挙法上の寄附禁止に抵触するものではないと考えられます。

　特別定額給付金の支給については、郵送もしくはオンライン

で市区町村に対し給付金の申請をし、市区町村が申請者に対して原則銀行口座への振込みにより給付を行うこととされています。

したがって、給付金の申請があって初めて市区町村と給付対象者との間に債権債務関係が生ずることとなり、初めから申請を行わない場合には、そもそも債権放棄となり得ないため、公職選挙法上の寄附禁止には該当しません。

なお、公職の候補者等が給付をいったん受けた後これを市区町村に自主的に返納することは、当該市区町村に対する寄附に該当し、当該市区町村が「当該選挙区内にある者」に該当する場合には、公職選挙法第199条の2の規定に抵触することとなります。

Q2 現職の町議会議員が、新型コロナウイルス感染症で困っている子育て家庭を助けることを目的に、町内に自らの経費で「こども食堂」を開き、1食100円で食事を提供する場合、法的に問題ないでしょうか？

A 候補者等のする当該選挙区内にある者に対する寄附に当たるおそれがあります。

町議会議員など公職の候補者等は、当該選挙区内にある者に対して、いかなる名義をもってするを問わず、寄附をしてはならない（公職選挙法第199条の2第1項本文）とされています。したがって、原価を下回るような安価な金額での食事の提供は、同項に抵触する寄附に当たるおそれがあります。

Q3 町議会議員から任意で集めたお金を、新型コロナウイルス感染症対策に役立ててもらうことを目的に、町議会名義で町へ寄附することは可能でしょうか？

A 公職選挙法の寄附禁止の規定に抵触するおそれがあります。

　公職選挙法第199条の2第1項の規定により、公職の候補者等は当該選挙区（選挙の行われる区域）にある者に対し、一定の例外を除き、いかなる名義をもってするを問わず、寄附をしてはならないとされています。町議会議員が当該町に寄附することは、選挙の行われる区域内にある者に対する寄附となり、本条に違反するおそれがあります。すなわち、地方公共団体たる町を「当該選挙区にある者」から除外する理由はないとされ、地方公共団体も「当該選挙区にある者」に含まれると解釈されます（逐条解説（下）P1420参照）。

　したがって、新型コロナウイルス感染症対策への費用に充てるためといえども、町議会議員が任意で自らの金銭を含め他の町議会議員から集めた金銭をもって当該町に寄附することはできません。この寄附を個々の議員名義はもちろん、町議会名義で行ったとしても、個々の議員からの寄附であることに変わりはなく、公職選挙法第199条の2第1項に抵触するおそれがあるものと解されます。

　なお、今回全国民に一律給付される国からの特別定額給付金10万円を公職の候補者等が受け取った後に、地方公共団体等に寄附をすることも当該選挙区内にある者に対する寄附となるため、禁止されます。

Q4 議員及び三役の報酬を5か月間にわたって25％カットし、これによって生じた余剰金を市のコロナ対策費用に充当する条例改正案が上程されることになっています。市はこれによって削減できた費用を「コロナ対策基金」に積み立てることとしています。この対応は公職選挙法上、問題ないでしょうか？

A 原則として問題ありません。

　市議会議員と市長の報酬（給与）支給条例を改正し、市として支払うべき報酬（給与）を減額するのは、報酬（給与）をいわば法的根拠に基づいて減額しようとするものであり、これによって改正前の額の支払に係る債権・債務の関係はなくなり、改正後の額による支払に係る債権・債務によることとなりますので、減額によって生じた差額は市への寄附には当たらないと考えられます。

Q5 自治会の新型コロナウイルス感染症対策で、当該年度の自治会費や中止となった行事の予算を財源に、自治会に加入する全世帯に給付金を提供することとなり、自治会会長以下の担当者が各戸を訪問し、封筒に入れた現金（給付金）を趣旨書とともに手渡しました。この自治会の会長が現役の市議会議員である場合、この行為は公職選挙法の寄附の禁止に抵触しますか？現金とともに手渡した趣旨書には、この市議会議員の氏名が自治会長名として記載されています。

A 原則としては問題ありませんが、公職選挙法第199条の3に規定する「これらの者の氏名を表示し又はこれらの者の氏名が

類推されるような方法」に該当するおそれがないとはいえない
でしょう。

　まず、本件給付金の原資が当該自治会の会計から拠出したも
のである限り、公職選挙法第199条の２第１項には抵触しない
ものと解されます。また、ことさら本給付金が自治会長である
市議会議員からの給付金であるかのような言動を交えながら手
渡されたものでない限り、同条第２項に抵触するおそれもない
ものと解されます。

　なお、給付金と一緒に手渡した趣旨書に会長である市議会議
員の氏名が記載されている点については、公職選挙法第199条
の３に規定する「これらの者の氏名を表示し又はこれらの者の
氏名が類推されるような方法」に該当するおそれがあるとも考
えられます。しかし、本条違反によって罰則が科されるのは「当
該選挙に関し」であることから、本件においては、会長である
市議会議員が市議会議員選挙に関して氏名を表示し又は類推さ
れるような方法で寄附をした場合に限って、公職選挙法第249
条の３（公職の候補者等の関係会社等の寄附の制限違反）に抵
触するおそれがあると考えられます。

Q6 現職の町長が代表を務める郡の町村会の名義で、町外にある
　　病院にコロナ対策の応援金（現金）を贈った場合、公職選挙法
　　の寄附の禁止に抵触しますか？応援金の原資は定期的に町村
　　から集めている分担金の一部(75万円)を充てることにしてお
　　り、代表である町長のポケットマネーは一切入っていません。

A 原則として問題ありません。

公職選挙法第199条の3本文の規定では、公職の候補者等が
その役職員である会社その他の法人又は団体は、当該選挙区内
（選挙区がない場合は選挙の行われる区域内）にある者に対し、
いかなる名義をもってするを問わず寄附をしてはならないとさ
れています。

　本件の場合、寄附先の病院は町村会会長が町長を務める町の
外にあることから、会長の氏名を表示又は類推される方法で寄
附をすることは、原則として法に抵触するおそれはないと解さ
れます。しかし、町村会に加盟する他の町村長への配慮として、
会長である町長の氏名の表記は避け、団体名の表示にとどめて
おくことが望ましいのではないでしょうか。

Q7 新型コロナ感染症対策として市に寄附されたマスクを、特定
の条件に該当する市民に配布する予定です。郵送での配布を計
画していますが、マスクに同封する文書に市長の氏名を記載し
ても問題ないでしょうか？

A 氏名の記載は差し控えるべきです。

　地方公共団体は公職選挙法第199条の3に規定する団体（公
職の候補者の関係会社等）には含まれないと解されていますの
で、地方自治法上、地方公共団体は、公益上必要がある場合に
おいては住民に寄附をすることは可能です（地方自治法第232
条の2）。したがって、市がマスクを配布すること自体に問題は
ないと考えられます。

　しかし、公職選挙法第199条の3の立法趣旨は、同法第199
条の2の脱法行為として、特定の方法をもって寄附することを

禁止した規定であり、会社その他の法人又は団体の役職員など
の氏名を表示するような方法での寄附を禁止しています。この
ことから、「地方公共団体の行う寄附行為については違法ではな
いが、立法の趣旨から長の氏名を表示することは差し控えるべ
き」ということになります。したがって、本件の場合は「○○
市長」できれば「○○市」のみの記載にとどめ、市長の氏名の
記載は差し控えるべきと考えられます。

Q8 市議会議員が、新型コロナウイルス感染症対策に寄与したい
ため、政務活動費を一部市に返還した場合、この行為は市民へ
の寄附行為に該当するでしょうか？なお、市の「政務活動費の
交付に関する条例」では、その費用の返還について、「年度内
における所属議員数の変動、当該年度に係る対象費用の総額を
控除して残余がある場合に返還しなければならない」とされて
おり、「政務活動費の目的は、市政の課題及び市民の意思を把
握し、市政に反映させる活動その他住民福祉の増進を図るため
に必要な活動に要する経費」としております。

A 市民への寄附行為には該当しませんが、原則どおり年度末に
返還されるべきです。

　政務活動費については、残った費用があれば返還すべきとい
う返還条項があるので、政務活動費の当該条項に基づく返還は
市への寄附行為には当たらないと考えられます。しかし、年度
途中で返還を行う場合は、問題になる可能性があります。

　というのも、条例にあるとおり、政務活動費は「市政の課題
及び市民の意思を把握し、市政に反映させる活動その他住民福

祉の増進を図るために必要な活動に要する経費」であり、残余がある場合は「必要でない経費」であるゆえに返還するということになっています。つまり、事前に必要と思われる経費を渡し、期間に目的に沿った活動で必要な経費を使い、残余があれば返還する流れが原則であり、年度終了時に残った分を返還することが前提とされています。したがって、本件の場合は年度の途中で返還を受けるのではなく、通常どおり年度末に返還を受けるのが適当であり、仮に年度途中で返還を受けるのであれば、条例で一定の規定を設ける措置を講じたうえで返還を受けるようにすべきでしょう。

Q9 ある市民団体が複数の医療機関に対して手作りマスクの寄附を行いました。この市民団体の代表者が現職の市議会議員であり、マスクの寄附について自身のfacebookに投稿した場合、売名行為として公職選挙法に抵触しますか？なお、寄附に当たっては市議会議員の氏名は表示しておらず、寄附先の医療機関には当該議員の選挙区内のものも含まれています。

A 選挙管理委員会が判断すべき問題ではありません。

　代表者である当該議員の氏名を表示して行っていない限り、市民団体の寄附行為については、公職選挙法第199条の3に該当しないため、一般的には問題ないと考えられます。一方、当該議員が自身のfacebookに寄附行為を行ったことを紹介することが売名行為に当たるかどうかは、公職選挙法第129条（選挙運動の期間）に抵触するかどうかで判断されますが、これは選挙管理委員会が判断すべき問題ではなく、取締当局が判断す

べき問題です。特に、既に行われた行為については法と事実に基づき取締当局が判断すべきです。

Q10　市議会議員が会員となっている団体が、その会計の中から市の新型コロナウイルス感染症対策のために寄附することは、法的に問題ないでしょうか？

A　議員の氏名が類推されるような方法でない限り、問題ありません。

　公職の候補者等がその役職員又は構成員である会社その他の法人又は団体は、当該選挙区内にある者に対し、いかなる名義をもってするを問わず、これらの者の氏名を表示又はこれらの者の氏名が類推されるような方法で寄附をしてはならない（公職選挙法第199条の3本文）とされています。したがって、あくまでも市議会議員のポケットマネーを含まず、かつ団体の会計から拠出し、当該市議会議員の氏名を表示したり類推されるような方法で市への寄附をしない限り、原則的には問題ありません。

Q11　個人演説会の会場で、新型コロナウイルス感染予防のために候補者側で用意したマスクを、演説を聞きに来た選挙人に提供し、着用させることは、選挙区内にある者に対する寄附に該当するのでしょうか？

A　選挙人に複数枚のマスクを持ち帰らせるような場合は、法に抵触するおそれがあります。

マスクを提供して着用させることが寄附に当たらないとはいい切れませんが、人命にも関わる新型コロナウイルスの感染を防止するためのものであり、「選挙区内にある者に対する寄附」として禁止されるものということは消極的に考えられます。

ただし、何枚ものマスクを選挙人に持ち帰られるような場合は、公職選挙法第199条の2の規定に違反するおそれがあります。

Q12 条例で「年度末に政務活動費の残余額がある場合は村長が返還命令をする旨」が定められている村の議会議員が、新型コロナウイルス感染症拡大を受けて、今年度の政務活動費の全額を残余額として返還した場合、公職選挙法上の寄附の禁止に抵触しますか？

A 条例に基づいて行われた返還命令に応じることは寄附に当たらないため、抵触しません。

政務活動費に係る残余額については、神奈川県議会議員政務活動費不正受給確認請求事件（平成30年11月16日最高裁）において、以下のとおり判例が示されています。

「当該年度において交付を受けた政務活動費のうち、上記使途に適合した支出に充てなかった残余がある場合には、当該残額はこれを保持する法律上の原因を欠くものとして、不当利得として返還されるべきこととなる。本件返還規定は、このような場合に不当利得返還義務が発生することを明確にしたものであると解される」。

本判例によれば、議員に対する政務活動費の残余額の返還命令は、不当利得返還請求権（債権）の行使であると考えられ、

返還に応じることは債務の履行としてなされるものと考えられます。つまり、残余額の返還は公職選挙法第179条に規定する「寄附」の定義において除外されている「債務の履行としてなされるもの」に該当するもので、そもそも公職選挙法上の寄附には当たらず、当然ながら寄附禁止の問題も生じ得ないと考えられます。平成19年の行政実例でも、不当利得返還請求権等の履行としてなされるものについては、公職選挙法上の寄附禁止にはあたらないとしています。

　一方、条例の規定によらずに政務活動費を自主返納すること（例：会派として受給した政務活動費の一部をメンバーである議員が独自に返還する場合など）や受領を拒否することは、すでに確定した受給権を放棄することになり、公職選挙法第179条でいう「寄附」に当たります。また、債務が地方公共団体にある場合、当該地方公共団体への寄附となり、公職選挙法第199条の2（公職の候補者の寄附の禁止）に違反することになります（平成12年行政実例）。

　なお、交付を受けた政務活動費を条例に基づき返還する一方、政務活動費を充てることができるとされている経費を自己負担することについての寄附該当性については、条例上「充てることができる」とされている以上、充てるか充てないかは任意であり、自己負担したとしても寄附の問題は生じないと考えられます。

Q13 個人演説会場において候補者が新型コロナウイルス対策としてアルコール消毒液を設置し、それを来場者に使用させることは、来場者への寄附に該当しますか？

A 寄附には該当せず、公職選挙法に抵触することはないと考えられます。

消毒液は施設の備品として用意するものであり、個人の所有物としてボトルごと持ち帰ることなどを想定しておらず、勝手に持ち帰った場合は窃盗罪が成立する可能性があります。したがって、アルコール消毒液の設置は個人に対する財産上の利益の供与とは認められず、寄附には当たらないと考えられます。

6. 選挙管理委員会の開催関係

Q1 新型コロナウイルス感染防止のため、いわゆる「3密」を避ける対策として、選挙管理委員会の会議を中止した場合、委員会の議決に代えて、職員が各委員宅に議案等の議事を持ち回って承認を得る方法をとっても問題ないでしょうか？

A 持ち回り承認ではなく、委員長の専決処分とするのが適当です。

地方自治法第181条による選挙管理委員会については、同法第188条により「選挙管理委員会は委員長がこれを招集する」とされており、同法第189条第1項において選挙管理委員会は3人以上の委員が出席しなければ会議を開くことができない旨の定足数についての規定があります。

また、地方自治法施行令第137条第1項には、選挙管理委員

会の委員長の専決処分の規定があり、①選挙管理委員会が成立しないとき、②委員会を招集する暇がないと認めるとき、③地方自治法第189条第２項の規定による除斥のため同条第３項の規定により臨時に補充員を委員に充ててもなお会議を開くことができないとき、に限り委員長が専決処分をすることとされています。そして専決処分については、委員長は次の会議においてこれを委員会に報告し、その承認を求めなければならないこととされています。

　したがって、以上のとおり法的には、今回の新型コロナウイルス感染症拡大防止のためであるとしても、地方自治法第189条の定足数についての規定があることから、各委員の自宅に職員が関係書類を持ち回って決裁を受けるような審議は「出席」という概念には当たらず、そのような持ち回り審議により選挙管理委員会としての意思決定をすることはできないと考えられます。一堂に会しての会議を開くことができない場合は、地方自治法施行令第137条が規定する「委員会が成立しない又は招集する暇がないとき」と認められるので、持ち回り審議ではなく、委員長による専決処分により対応するのが適当と考えられます。

関係資料

総行管第７６号
令和２年２月２６日

各都道府県選挙管理委員会委員長　殿

総務省自治行政局選挙部長
（公　印　省　略）

選挙の管理執行における新型コロナウイルス感染症への対応について

　　新型コロナウイルス感染症については、「新型コロナウイルス感染症対策の基本方針（令和２年２月２５日新型コロナウイルス感染症対策本部決定）」（以下「基本方針」という。）により、政府として、地方公共団体、医療関係者、事業者や関係団体と連携・協力し、国民の協力を得ながら、対策を講じているところです。
　　貴団体において選挙を管理執行するに当たっては、公職選挙法等関係法令の規定に従うほか、下記事項に留意の上、その地域の実情に応じ、保健福祉関係部局及び危機管理関係部局と緊密な連携をとり、適切な対応を図られますようお願いします。
　　なお、貴都道府県内の市区町村選挙管理委員会に対しても、この旨周知していただきますようお願いします。
　　また、本件通知は、地方自治法第２４５条の４第１項の規定に基づく技術的助言であることを申し添えます。

記

１　選挙を管理執行する地方公共団体においては、その管理執行に当たり、基本方針を踏まえ、適切に対応すること。
　　特に、候補者説明会、立候補受付、期日前投票所、投票所及び開票所における事務従事者並びに投票立会人、開票立会人、投票管理者及び開票管理者については、マスク着用、咳エチケットの徹底、手洗い・うがいの実施等に努めること。
　　また、選挙人に対しても、投票所におけるマスク着用、咳エチケットの徹底、帰宅後の手洗い・うがい等を呼びかけること。

２　その他の地方公共団体においても、地域での新型コロナウイルス感染症の発生状況を注視するとともに、必要に応じ、住民に対する情報提供、選挙事務従事者が使用するためのマスクの準備等、適切に対応すること。

選挙部管理課管理第二係
電　話：03-5253-5573
ＦＡＸ：03-5253-5575
メール senkyo.kanri@soumu.go.jp

総行管第９４号
令和２年３月４日

各都道府県選挙管理委員会委員長　殿

総務省自治行政局選挙部長
（　公　印　省　略　）

選挙の管理執行における新型コロナウイルス感染症への更なる対応について

　選挙の管理執行における新型コロナウイルス感染症への対応に係る留意事項については、「選挙の管理執行における新型コロナウイルス感染症への対応について」（令和２年２月２６日付総行管第７６号）で通知したところですが、これに加え、下記の事項にご留意のうえ、適切な対応を図られますようお願いします。
　なお、貴都道府県内の市区町村選挙管理委員会に対しても、周知していただきますようお願いします。
　また、本件通知は、地方自治法第２４５条の４第１項の規定に基づく技術的助言であることを申し添えます。

記

1　政府は多数の方が集まるような全国的なスポーツ、文化イベント等の中止、延期又は規模縮小等の対応を要請しているが、選挙については、要請対象であるスポーツ、文化イベント等には該当しないこと。

2　各選挙管理委員会においては、地域の実情に応じ、新型コロナウイルス感染症の感染防止対策の観点から、投票日当日、投票所に選挙人が集中することを避けるため、期日前投票の積極的な利用の呼びかけを検討すること。
　その際、選挙人の分散を図る観点から、期日前投票所の増設や移動期日前投票所の活用、期日前投票所内の設備の増強を図るとともに、投票所や期日前投票所の混雑状況やその見込みに関する情報提供に努めるなど、混雑対策について十分に留意すること。
　なお、新型コロナウイルス感染症への感染が懸念される状況は、公職選挙法（昭和２５年法律第１００号）第４８条の２第１項第６号の事由に該当し、期日前投票を行うことができると解されること。

3　新型コロナウイルス感染症への感染防止のため、投票所や開票所の入口等にアルコール消毒液等を設置し、利用を呼びかけること。また、投票所等の換気に努めること。

その他、各選挙管理委員会においては、持参した筆記具を使用させることなど、選挙の公正確保を前提に、選挙人の不安感を解消できるような工夫について積極的に検討すること。

　なお、開票所においては、開票立会人、開票管理者及び事務従事者以外に、参観人がいる場合もあることから、参観人にもマスク着用、咳エチケットの徹底、帰宅後の手洗い・うがい等を呼びかけること。

4　対策を講じるに当たっては、「新型コロナウイルス感染症対策の基本方針」（令和2年2月25日　新型コロナウイルス感染症対策本部決定）のほか、厚生労働省等のホームページも参照すること。

　（参考）新型コロナウイルスに関するQ＆A（一般の方向け）（厚生労働省HP）

　　　　https://www.mhlw.go.jp/stf/seisakunitsuite/bunya/kenkou_iryou/dengue_fever_qa_00001.html

　（参考）感染症対策への協力チラシ例（内閣官房HP）

　　　　https://www.cas.go.jp/jp/influenza/novel_coronavirus.html

5　民主主義、国民主権の基礎をなす選挙運動を含む政治活動の自由は、最大限尊重されるべきものと考えられることから、公職の候補者や政党がどのような選挙運動を行うかについては、政府の国内感染予防策などを踏まえた上で、それぞれの公職の候補者や政党において判断されるべきものであること。

6　新型コロナウイルス感染症の今後の動向に応じ、更に通知を行う可能性があることから、各選挙管理委員会においては留意すること。

選挙部管理課管理第二係
電　話：03-5253-5573
ＦＡＸ：03-5253-5575
メール senkyo.kanri@soumu.go.jp

総行管第９８号
令和２年３月６日

各都道府県選挙管理委員会委員長　殿

総務省自治行政局選挙部長
（ 公 印 省 略 ）

選挙の管理執行における新型コロナウイルス感染症への対応について（第３報）

　選挙の管理執行における新型コロナウイルス感染症への対応に係る留意事項については、「選挙の管理執行における新型コロナウイルス感染症への対応について」（令和２年２月２６日付総行管第７６号）及び「選挙の管理執行における新型コロナウイルス感染症への更なる対応について」（令和２年３月４日付総行管第９４号）で通知したところですが、関連して各選挙管理委員会から問い合わせがあったことから、下記のとおりお知らせします。これらの事項にもご留意のうえ、引き続き適切な対応を図られますようお願いします。
　なお、貴都道府県内の市区町村選挙管理委員会に対しても、周知していただきますようお願いします。
　また、本件通知は、地方自治法第２４５条の４第１項の規定に基づく技術的助言であることを申し添えます。

記

1　選挙期日は、公職選挙法に規定する選挙を行うべき期間において、当該選挙を管理する選挙管理委員会が、新型コロナウイルス感染症の状況等地域の実情を勘案し、選挙人にとって最も便宜と思われる期日を決定するものであること。
　　選挙期日の告示前であれば、一度決定した選挙期日を上記期間の範囲内で変更することに、公職選挙法上の問題はないものであること。

2　令和２年３月中に執行を予定している地方選挙における投票所、期日前投票所等の感染症対策の実施例等については、現在「選挙に係る新型コロナウイルス感染症対策の調査について」（令和２年３月５日付総行管第９５号）により調査しているところであり、とりまとめ結果については、速やかに情報提供することを予定していること。

3　新型コロナウイルス感染症の今後の動向に応じ、更に通知を行う可能性があることから、各選挙管理委員会においては留意すること。

選挙部管理課管理第二係
電　話：03-5253-5573
ＦＡＸ：03-5253-5575
メール senkyo.kanri@soumu.go.jp

総行管第１０５号
令和２年３月１３日

各都道府県選挙管理委員会委員長　殿

総務省自治行政局選挙部長
（　公　印　省　略　）

　　　　選挙の管理執行における新型コロナウイルス感染症への対応について（第４報）

　　選挙の管理執行における新型コロナウイルス感染症への対応に係る留意事項については、「選挙の管理執行における新型コロナウイルス感染症への対応について」（令和２年２月２６日付総行管第７６号）、「選挙の管理執行における新型コロナウイルス感染症への更なる対応について」（令和２年３月４日付総行管第９４号）及び「選挙の管理執行における新型コロナウイルス感染症への対応について（第３報）」（令和２年３月６日付総行管第９８号）で通知したところですが、関連して各選挙管理委員会から問い合わせがあったことから、下記のとおりお知らせします。これらの事項にもご留意のうえ、引き続き適切な対応を図られますようお願いします。

　　なお、貴都道府県内の市区町村選挙管理委員会に対しても、周知していただきますようお願いします。

　　また、本件通知は、地方自治法第２４５条の４第１項の規定に基づく技術的助言であることを申し添えます。

記

1　投票所等における感染防止対策については、第３報までの通知で留意事項を示してきたところであるが、「新型コロナウイルス感染症対策の見解」（2020 年 3 月 9 日新型コロナウイルス感染症対策専門家会議）によれば、「これまで集団感染が確認された場に共通するのは、①換気の悪い密閉空間であった、②多くの人が密集していた、③近距離（互いに手を伸ばしたら届く距離）での会話や発声が行われたという３つの条件が同時に重なった場」であるとされているところであり、各選挙管理委員会においては、投票所等の運営において、換気に努め、選挙人が滞留しないようにするとともに、選挙人間の距離ができるだけ確保できるように留意すること。

　　風邪の症状がうかがわれる選挙人などが投票に訪れた場合には、咳エチケットの徹底を促すなど、他の選挙人に不安を与えないよう配慮すること。

（参考）新型コロナウイルス感染症対策専門家会議の見解等

（厚生労働省ＨＰ）　資料１

https://www.mhlw.go.jp/content/10900000/000606000.pdf

126

2　開票については、公職選挙法第66条第2項の規定により開票区ごとに投票を混同して行うこととなるが、その際、感染防止には手洗いやアルコール消毒が有効とされていることから、開票中の適宜のタイミングや開票事務終了後に手洗いやアルコール消毒を行うよう努めるほか、作業中にむやみに目や鼻、口などに触れないよう開票事務従事者にあらかじめ周知すること。

（参考）一般市民向け新型コロナウイルス感染症に対する注意事項
　　　　　　　　　　　　　　　　　　（日本環境感染学会ＨＰ）　資料2
　　　　http://www.kankyokansen.org/uploads/uploads/files/jsipc/2019ncov_ippan_200203.pdf

3　各選挙管理委員会においては、選挙人に対して、投票所等において必要な感染症対策を講じていることを周知するとともに、地方選挙は地域の将来を託す代表者を選ぶ重要な機会であることから、自身の予防対策もした上での積極的な投票参加を呼びかけること。

（参考）高市総務大臣閣議後記者会見の概要（総務省ＨＰ）　資料3
　　　　https://www.soumu.go.jp/menu_news/kaiken/01koho01_02000894.html

4　新型コロナウイルス感染症の今後の動向に応じ、更に通知を行う可能性があることから、各選挙管理委員会においては留意すること。

選挙部管理課管理第二係
電　話：03-5253-5573
ＦＡＸ：03-5253-5575
メール senkyo.kanri@soumu.go.jp

新型コロナウイルス感染症対策専門家会議　「新型コロナウイルス感染症対策の見解」（抜粋）
2020 年 3 月 9 日

6. みなさまにお願いしたいこと

　これまでに明らかになったデータから、集団感染しやすい場所や場面を避けるという行動によって、急速な感染拡大を防げる可能性が、より確実な知見となってきました。これまで集団感染が確認された場に共通するのは、①換気の悪い密閉空間であった、②多くの人が密集していた、③近距離（互いに手を伸ばしたら届く距離）での会話や発声が行われたという 3 つの条件が同時に重なった場です。こうした場ではより多くの人が感染していたと考えられます。そのため、市民のみなさまは、これらの3つの条件ができるだけ同時に揃う場所や場面を予測し、避ける行動をとってください。

　ただし、こうした行動によって、どの程度の感染拡大リスクが減少するかについては、今のところ十分な科学的根拠はありませんが、換気のよくない場所や人が密集する場所は、感染を拡大させていることから、明確な基準に関する科学的根拠が得られる前であっても、事前の警戒として対策をとっていただきたいと考えています。

一般社団法人日本感染症学会・一般社団法人日本環境感染学会
「一般市民向け新型コロナウイルス感染症に対する注意事項」(2020 年 2 月 3 日現在)（抜粋）

5.　感染対策の基本は咳エチケットと手の清潔です。

　コロナウイルスの感染は飛沫感染が主で、咳やくしゃみによりウイルスが伝播されることにより生じます。したがって、インフルエンザに対する予防と同様に、咳エチケット、手洗いなどの感染対策が有効です。感染対策としてもっとも重要なことは手の清潔です。マスクを着用していてもウイルスで汚染した手指で目、鼻、口などに触るとこれらの粘膜から感染する可能性があります。不用意に口や鼻、目を触らないように注意しましょう。咳やくしゃみなどの呼吸器症状がある人は、他の人に感染を広げないためにもマスクの使用が有効かと思われます。現在、マスクが不足している状況ですが、内側のガーゼを交換する、あるいはガーゼを水洗いしてから乾燥させて再利用するなどの工夫を行うこともできます。ウイルスで汚染した手指を介して目・口の粘膜から感染が伝播される可能性にも注意しなければなりません。手洗いや手の消毒の徹底は感染対策の基本です。

関係資料

資料3

高市総務大臣閣議後記者会見の概要（抜粋）

令和 2 年 3 月 10 日

問：　新型コロナウイルスの影響で、地方選挙の投票率低下を懸念する声が上がっています。総務省としての対応状況と大臣のお考えを伺えますでしょうか。

答：　地方選挙は、非常に大切なものでございます。皆様のお声を地方行政に届けていくために重要な位置付けでございますので、できるだけ多くの方に投票に行っていただきたいと思います。

その上で、これまで総務省から 3 回にわたって、都道府県の選挙管理委員会に対して通知を発出しました。

例えば、投票所などにおきまして、咳エチケットの徹底やマスクの着用、消毒液の設置、また、換気を頻繁に行っていただくなどの感染防止対策や、期日前投票を活用していただいて、投票所に、投票日に選挙人の方が集中することを避ける取組をお願いしております。

これらの要請を踏まえまして、各投票所で必要な対策を行って、選挙人の皆様の安全と安心に配慮した管理執行に、既に努めていただいているところでございます。

また、有権者の皆様におかれましては、地方選挙は地域の将来を託す代表者を選ぶ重要な選挙ですから、ご自身の予防対策もしていただいた上で、積極的な投票参加をお願い申し上げます。

総行管第１１４号
令和２年３月１９日

各都道府県選挙管理委員会委員長　殿

総務省自治行政局選挙部長
（　公　印　省　略　）

選挙の管理執行における新型コロナウイルス感染症への対応について（第５報）

　令和２年３月中に執行を予定している地方選挙における投票所等の感染症対策の取組状況については、「選挙に係る新型コロナウイルス感染症対策の調査について」（令和２年３月５日付総行管第９５号）により、調査を行っていたところですが、今般、調査結果の概要を別紙のとおりとりまとめましたので、お知らせします。

　これまでの通知に加え、調査結果を踏まえた下記の事項にもご留意のうえ、引き続き適切な対応を図られますようお願いします。

　なお、貴都道府県内の市区町村選挙管理委員会に対しても、周知していただきますようお願いします。

　また、本件通知は、地方自治法第２４５条の４第１項の規定に基づく技術的助言であることを申し添えます。

記

１　調査結果を踏まえると、各選挙管理委員会においては投票所等における様々な感染防止対策に積極的に取り組まれている一方、感染防止対策の周知や投票所等の混雑状況の情報提供が十分にできていない団体も見受けられること。

　　選挙人が安心して投票できるようにするためにも、投票所等において実施している感染防止対策の内容を十分に周知するとともに、投票所等の混雑状況（過去の選挙における混雑状況や混雑が見込まれない旨の周知を含む。）の情報提供に積極的に努めること。

２　開票については、多くの事務従事者が長時間開票所内にとどまり、作業を行うこととなることから、作業中の事務従事者間の距離の確保を図るとともに、無理のないタイムスケジュールとするなど、開票事務従事者の体調管理に十分配慮すること。

３　そのほか、今後選挙の執行を予定している団体においては、これまでの通知の内容及び別紙の取組事例を参考に、地域の実情に合わせた更なる工夫に努められたいこと。

4　新型コロナウイルス感染症の今後の動向に応じ、更に通知を行う可能性があることから、各選挙管理委員会においては留意すること。

選挙部管理課管理第二係
電　話：03-5253-5573
ＦＡＸ：03-5253-5575
メール senkyo.kanri@soumu.go.jp

新型コロナウイルス感染症対策の取組状況
（3月22日、29日に選挙を迎える80団体）

（1）感染防止対策について
〇 マスク着用、咳エチケットの徹底、手洗い・うがいの実施等の感染防止対策について、全団体で事務従事者へ指示又は指示を検討。
〇 選挙人への呼びかけもほぼ全ての団体で実施・検討している。その手段は、チラシの掲示や配布、防災行政無線や回覧板の活用、ＨＰへの掲載のほか、選挙公報への掲載やケーブルテレビの利用など。
〇 投票所等における換気も全団体で実施・検討。

＜その他の取組事例＞
・投票記載台やドアノブ等の定期的な消毒
・筆記具の定期的な消毒、使い捨て鉛筆の提供　　・投票記載台への除菌シートの設置
・体調不良を訴える選挙人へのマスクの提供　　　・うがい用紙コップ、うがい薬の設置

（2）選挙人の投票所等への混雑回避対策について
〇 約6割の団体では、過去の経験や選挙人数からみて投票所等の混雑は見込まれていない。
〇 それ以外の約4割の団体では、期日前投票所の設備増強など、何らかの混雑緩和対策を実施・検討。

＜取組事例＞
・投票所等における名簿対照窓口や投票記載台の増加などの設備増強
・投票記載台の間隔を広くする
・期日前投票所の増設
・期日前投票所を広い会場に変更
・投票所等への入場者を一定数以内に管理、待合所の設置
・選挙人の動線の変更（出入口への選挙人の集中回避）

※ 投票所等の混雑が見込まれない団体の中にも、期日前投票者が多くなった場合に備え、名簿対照窓口の増加や投票記載台を増加する体制を整えている団体がある。

（3）投票所の混雑状況の選挙人への情報提供
（2）で混雑緩和対策を実施・検討している団体のうち、混雑状況の情報提供を実施・検討しているのは約5割。

＜取組事例＞
・ＨＰやＳＮＳを使用した情報提供
・防災行政無線を活用した情報提供
・過去の選挙において混雑した日時の情報を提供

総行管第１３８号
令和２年４月８日

各都道府県選挙管理委員会委員長　殿

総務省自治行政局選挙部長
（　公　印　省　略　）

　　　　選挙の管理執行における新型コロナウイルス感染症への対応について（第６報）

　今般、埼玉県、千葉県、東京都、神奈川県、大阪府、兵庫県及び福岡県を対象区域
として新型インフルエンザ等対策特別措置法（平成２４年法律第３１号）第３２条第
１項に規定する緊急事態宣言がなされたことに伴い、下記のとおりお知らせします。
　貴団体において選挙を管理執行するに当たっては、これまでの通知や下記事項にご
留意の上、引き続き適切な対応を図られますようお願いします。
　なお、貴都道府県内の市区町村選挙管理委員会に対しても、周知していただきま
すようお願いします。
　本件通知は、地方自治法第２４５条の４第１項の規定に基づく技術的助言であるこ
とを申し添えます。

記

1　緊急事態宣言がなされた場合においても、現行法において、選挙は公職選挙法第
　　３３条等の規定に基づき執行するものであること。

2　対象区域において選挙を執行する場合においては、保健福祉関係部局及び危機管
　　理関係部局と特に緊密な連携をとり、これまで「選挙の管理執行における新型コロ
　　ナウイルス感染症への対応について」（令和２年２月２６日付総行管第７６号）等
　　で通知した選挙の管理執行における新型コロナウイルス感染症への対応に係る留
　　意事項を十分に踏まえ、選挙人の投票機会及び投票における安全・安心の確保に配
　　慮した管理執行に努めること。

3　新型コロナウイルス感染症の今後の動向に応じ、更に通知を行う可能性があるこ
　　とから、各選挙管理委員会においては留意すること。

選挙部管理課管理第二係
電　話：03-5253-5573
ＦＡＸ：03-5253-5575
メール senkyo.kanri@soumu.go.jp

令和2年4月7日(火) 参議院議院運営委員会
安倍総理大臣答弁(抜粋)

　選挙はですね、住民の代表を決める民主主義の根幹をなすものでありまして、任期が到来すれば、決められたルールの下で次の代表を選ぶというのが民主主義の大原則であって、不要不急の外出には当たらないと考えています。

　これまで、選挙期日及び任期を延長する特例法が制定されたのは、「阪神・淡路大震災」及び「東日本大震災」の2例のみであります。

　これは、有権者の把握や施設確保などの観点から、選挙の管理執行が物理的に困難であったことによるものでありまして、被災地の選挙管理委員会からの要請を受けて、特例法を制定したものと認識をしています。

　政府としては、選挙を実施する場合には、投票所における感染防止対策の徹底や、期日前投票の積極的な利用により、投票所に人が集中することを避ける取組を要請しているところであります。

　引き続き、新型コロナウイルス感染症の動向に注意をしつつ、各地で執行される選挙が滞りなく執行できるように努めてまいりたいと思います。

○新型インフルエンザ等対策特別措置法

（平成二十四年五月十一日 法律第三十一号）

目次

第一章　総則

（目的）

第一条　この法律は、国民の大部分が現在その免疫を獲得していないこと等から、新型インフルエンザ等が全国的かつ急速にまん延し、かつ、これにかかった場合の病状の程度が重篤となるおそれがあり、また、国民生活及び国民経済に重大な影響を及ぼすおそれがあることに鑑み、新型インフルエンザ等対策の実施に関する計画、新型インフルエンザ等の発生時における措置、新型インフルエンザ等緊急事態措置その他新型インフルエンザ等に関する事項について特別の措置を定めることにより、感染症の予防及び感染症の患者に対する医療に関する法律（平成十年法律第百十四号。以下「感染症法」という。）その他新型インフルエンザ等の発生の予防及びまん延の防止に関する法律と相まって、新型インフルエンザ等に対する対策の強化を図り、もって新型インフルエンザ等の発生時において国民の生命及び健康を保護し、並びに国民生活及び国民経済に及ぼす影響が最小となるようにすることを目的とする。

（定義）

第二条　この法律において、次の各号に掲げる用語の意義は、それぞれ当該各号に定める

ところによる。

一　新型インフルエンザ等　感染症法第六条第七項に規定する新型インフルエンザ等感染症及び同条第九項に規定する新感染症（全国的かつ急速なまん延のおそれのあるものに限る。）をいう。

二　新型インフルエンザ等対策　第十五条第一項の規定により同項に規定する政府対策本部が設置された時から第二十一条第一項の規定により当該政府対策本部が廃止されるまでの間において、国民の生命及び健康を保護し、並びに国民生活及び国民経済に及ぼす影響が最小となるようにするため、国、地方公共団体並びに指定公共機関及び指定地方公共機関がこの法律及び感染症法その他の法律の規定により実施する措置をいう。

三　新型インフルエンザ等緊急事態措置　第三十二条第一項の規定により同項に規定する新型インフルエンザ等緊急事態宣言がされた時から同条第五項の規定により同項に規定する新型インフルエンザ等緊急事態解除宣言がされるまでの間において、国民の生命及び健康を保護し、並びに国民生活及び国民経済に及ぼす影響が最小となるようにするため、国、地方公共団体並びに指定公共機関及び指定地方公共機関がこの法律の規定により実施する措置をいう。

四　指定行政機関　次に掲げる機関で政令で定めるものをいう。

　　イ　内閣府、宮内庁並びに内閣府設置法（平成十一年法律第八十九号）第四十九条第一項及び第二項に規定する機関並びに国家行政組織法（昭和二十三年法律第百二十号）第三条第二項に規定する機関

　　ロ　内閣府設置法第三十七条及び第五十四条並びに宮内庁法（昭和二十二年法律第七十号）第十六条第一項並びに国家行政組織法第八条に規定する機関

　　ハ　内閣府設置法第三十九条及び第五十五条並びに宮内庁法第十六条第二項並びに国家行政組織法第八条の二に規定する機関

　　ニ　内閣府設置法第四十条及び第五十六条並びに国家行政組織法第八条の三に規定する機関

五　指定地方行政機関　指定行政機関の地方支分部局（内閣府設置法第四十三条及び第五十七条（宮内庁法第十八条第一項において準用する場合を含む。）並びに宮内庁法第十七条第一項並びに国家行政組織法第九条の地方支分部局をいう。）その他の国の地方行政機関で政令で定めるものをいう。

六　指定公共機関　独立行政法人（独立行政法人通則法（平成十一年法律第百三号）第二条第一項に規定する独立行政法人をいう。）、日本銀行、日本赤十字社、日本放送協会その他の公共的機関及び医療、医薬品（医薬品、医療機器等の品質、有効性及び安全性の確保等に関する法律（昭和三十五年法律第百四十五号）第二条第一項に規定する医薬品をいう。以下同じ。）、医療機器（同条第四項に規定する医療機器をいう。以下同じ。）又は再生医療等製品（同条第九項に規定する再生医療等製品をいう。以下同じ。）の製造又は販売、電気又はガスの供給、輸送、通信その他の公益的事業を営む法人で、政令で定めるものをいう。

七　指定地方公共機関　都道府県の区域において医療、医薬品、医療機器又は再生医療等製品の製造又は販売、電気又はガスの供給、輸送、通信その他の公益的事業を営む法人、地方道路公社（地方道路公社法（昭和四十五年法律第八十二号）第一条の地方道路公社をいう。）その他の公共的施設を管理する法人及び地方独立行政法人（地方独立行政法人法（平成十五年法律第百十八号）第二条第一項に規定する地方独立行政法人をいう。）のうち、前号の政令で定めるもの以外のもので、あらかじめ当該法人の意見を聴いて当該都道府県の知事が指定するものをいう。

　　　（平二五法八四・一部改正）

（国、地方公共団体等の責務）

第三条　国は、新型インフルエンザ等から国民の生命及び健康を保護し、並びに新型インフルエンザ等が国民生活及び国民経済に及ぼす影響が最小となるようにするため、新型インフルエンザ等が発生したときは、自ら新型インフルエンザ等対策を的確かつ迅速に実施し、並びに地方公共団体及び指定公共機関が実施する新型インフルエンザ等対策を的確かつ迅速に支援することにより、国全体として万全の態勢を整備する責務を有する。

2　国は、新型インフルエンザ等及びこれに係るワクチンその他の医薬品の調査及び研究を推進するよう努めるものとする。

3　国は、世界保健機関その他の国際機関及びアジア諸国その他の諸外国との国際的な連携を確保するとともに、新型インフルエンザ等に関する調査及び研究に係る国際協力を推進するよう努めるものとする。

4　地方公共団体は、新型インフルエンザ等が発生したときは、第十八条第一項に規定する基本的対処方針に基づき、自らその区域に係る新型インフルエンザ等対策を的確かつ

迅速に実施し、及び当該地方公共団体の区域において関係機関が実施する新型インフルエンザ等対策を総合的に推進する責務を有する。

5　指定公共機関及び指定地方公共機関は、新型インフルエンザ等が発生したときは、この法律で定めるところにより、その業務について、新型インフルエンザ等対策を実施する責務を有する。

6　国、地方公共団体並びに指定公共機関及び指定地方公共機関は、新型インフルエンザ等対策を実施するに当たっては、相互に連携協力し、その的確かつ迅速な実施に万全を期さなければならない。

（事業者及び国民の責務）

第四条　事業者及び国民は、新型インフルエンザ等の予防に努めるとともに、新型インフルエンザ等対策に協力するよう努めなければならない。

2　事業者は、新型インフルエンザ等のまん延により生ずる影響を考慮し、その事業の実施に関し、適切な措置を講ずるよう努めなければならない。

3　第二十八条第一項第一号に規定する登録事業者は、新型インフルエンザ等が発生したときにおいても、医療の提供並びに国民生活及び国民経済の安定に寄与する業務を継続的に実施するよう努めなければならない。

（基本的人権の尊重）

第五条　国民の自由と権利が尊重されるべきことに鑑み、新型インフルエンザ等対策を実施する場合において、国民の自由と権利に制限が加えられるときであっても、その制限は当該新型インフルエンザ等対策を実施するため必要最小限のものでなければならない。

　　　　第二章　新型インフルエンザ等対策の実施に関する計画等

（政府行動計画の作成及び公表等）

第六条　政府は、新型インフルエンザ等の発生に備えて、新型インフルエンザ等対策の実施に関する計画（以下「政府行動計画」という。）を定めるものとする。

2　政府行動計画においては、次に掲げる事項を定めるものとする。

　一　新型インフルエンザ等対策の実施に関する基本的な方針

　二　国が実施する次に掲げる措置に関する事項

　　イ　新型インフルエンザ等及び感染症法第六条第七項に規定する新型インフルエンザ等感染症に変異するおそれが高い動物のインフルエンザの外国及び国内におけ

る発生の状況、動向及び原因の情報収集

ロ　新型インフルエンザ等に関する情報の地方公共団体、指定公共機関、事業者及び国民への適切な方法による提供

ハ　新型インフルエンザ等が国内において初めて発生した場合における第十六条第八項に規定する政府現地対策本部による新型インフルエンザ等対策の総合的な推進

ニ　検疫、第二十八条第三項に規定する特定接種の実施その他の新型インフルエンザ等のまん延の防止に関する措置

ホ　医療の提供体制の確保のための総合調整

ヘ　生活関連物資の価格の安定のための措置その他の国民生活及び国民経済の安定に関する措置

三　第二十八条第一項第一号の規定による厚生労働大臣の登録の基準に関する事項

四　都道府県及び指定公共機関がそれぞれ次条第一項に規定する都道府県行動計画及び第九条第一項に規定する業務計画を作成する際の基準となるべき事項

五　新型インフルエンザ等対策を実施するための体制に関する事項

六　新型インフルエンザ等対策の実施に当たっての地方公共団体相互の広域的な連携協力その他の関係機関相互の連携協力の確保に関する事項

七　前各号に掲げるもののほか、新型インフルエンザ等対策の実施に関し必要な事項

3　政府行動計画は、新型インフルエンザ等が発生する前の段階、新型インフルエンザ等が外国において発生した段階及び新型インフルエンザ等が国内において発生した段階に区分して定めるものとする。

4　内閣総理大臣は、政府行動計画の案を作成し、閣議の決定を求めなければならない。

5　内閣総理大臣は、前項の規定により政府行動計画の案を作成しようとするときは、あらかじめ、感染症に関する専門的な知識を有する者その他の学識経験者の意見を聴かなければならない。

6　内閣総理大臣は、第四項の閣議の決定があったときは、遅滞なく、政府行動計画を国会に報告するとともに、その旨を公示しなければならない。

7　政府は、政府行動計画を定めるため必要があると認めるときは、地方公共団体の長その他の執行機関（以下「地方公共団体の長等」という。）、指定公共機関その他の関係者に対し、資料又は情報の提供、意見の陳述その他必要な協力を求めることができる。

8 第三項から前項までの規定は、政府行動計画の変更について準用する。

（都道府県行動計画）

第七条 都道府県知事は、政府行動計画に基づき、当該都道府県の区域に係る新型インフルエンザ等対策の実施に関する計画（以下「都道府県行動計画」という。）を作成するものとする。

2 都道府県行動計画においては、おおむね次に掲げる事項を定めるものとする。

　一 当該都道府県の区域に係る新型インフルエンザ等対策の総合的な推進に関する事項

　二 都道府県が実施する次に掲げる措置に関する事項

　　イ 新型インフルエンザ等の都道府県内における発生の状況、動向及び原因の情報収集並びに調査

　　ロ 新型インフルエンザ等に関する情報の市町村、指定地方公共機関、医療機関、事業者及び住民への適切な方法による提供

　　ハ 感染を防止するための協力の要請その他の新型インフルエンザ等のまん延の防止に関する措置

　　ニ 医療従事者の確保その他の医療の提供体制の確保に関する措置

　　ホ 物資の売渡しの要請その他の住民の生活及び地域経済の安定に関する措置

　三 市町村及び指定地方公共機関がそれぞれ次条第一項に規定する市町村行動計画及び第九条第一項に規定する業務計画を作成する際の基準となるべき事項

　四 新型インフルエンザ等対策を実施するための体制に関する事項

　五 新型インフルエンザ等対策の実施に関する他の地方公共団体その他の関係機関との連携に関する事項

　六 前各号に掲げるもののほか、当該都道府県の区域に係る新型インフルエンザ等対策に関し都道府県知事が必要と認める事項

3 都道府県知事は、都道府県行動計画を作成する場合において、他の地方公共団体と関係がある事項を定めるときは、当該他の地方公共団体の長の意見を聴かなければならない。

4 都道府県知事は、都道府県行動計画を作成したときは、内閣総理大臣に報告しなければならない。

5 内閣総理大臣は、前項の規定により報告を受けた都道府県行動計画について、必要があると認めるときは、当該都道府県知事に対し、必要な助言又は勧告をすることができ

る。

6　都道府県知事は、都道府県行動計画を作成したときは、速やかに、これを議会に報告し、並びに当該都道府県の区域内の市町村の長及び関係指定地方公共機関に通知するとともに、公表しなければならない。

7　都道府県知事は、都道府県行動計画を作成するため必要があると認めるときは、指定行政機関の長（当該指定行政機関が合議制の機関である場合にあっては、当該指定行政機関。以下同じ。）、指定地方行政機関の長、地方公共団体の長等、指定公共機関、指定地方公共機関その他の関係者に対し、資料又は情報の提供、意見の陳述その他必要な協力を求めることができる。

8　前条第五項の規定は、都道府県行動計画の作成について準用する。

9　第三項から前項までの規定は、都道府県行動計画の変更について準用する。

（市町村行動計画）

第八条　市町村長は、都道府県行動計画に基づき、当該市町村の区域に係る新型インフルエンザ等対策の実施に関する計画（以下「市町村行動計画」という。）を作成するものとする。

2　市町村行動計画においては、おおむね次に掲げる事項を定めるものとする。

一　当該市町村の区域に係る新型インフルエンザ等対策の総合的な推進に関する事項

二　市町村が実施する次に掲げる措置に関する事項

イ　新型インフルエンザ等に関する情報の事業者及び住民への適切な方法による提供

ロ　住民に対する予防接種の実施その他の新型インフルエンザ等のまん延の防止に関する措置

ハ　生活環境の保全その他の住民の生活及び地域経済の安定に関する措置

三　新型インフルエンザ等対策を実施するための体制に関する事項

四　新型インフルエンザ等対策の実施に関する他の地方公共団体その他の関係機関との連携に関する事項

五　前各号に掲げるもののほか、当該市町村の区域に係る新型インフルエンザ等対策に関し市町村長が必要と認める事項

3　市町村長は、市町村行動計画を作成する場合において、他の地方公共団体と関係がある事項を定めるときは、当該他の地方公共団体の長の意見を聴かなければならない。

4　市町村長は、市町村行動計画を作成したときは、都道府県知事に報告しなければならない。

5　都道府県知事は、前項の規定により報告を受けた市町村行動計画について、必要があると認めるときは、当該市町村長に対し、必要な助言又は勧告をすることができる。

6　市町村長は、市町村行動計画を作成したときは、速やかに、これを議会に報告するとともに、公表しなければならない。

7　第六条第五項及び前条第七項の規定は、市町村行動計画の作成について準用する。

8　第三項から前項までの規定は、市町村行動計画の変更について準用する。

（指定公共機関及び指定地方公共機関の業務計画）

第九条　指定公共機関又は指定地方公共機関は、それぞれ政府行動計画又は都道府県行動計画に基づき、その業務に関し、新型インフルエンザ等対策に関する業務計画（以下「業務計画」という。）を作成するものとする。

2　業務計画においては、次に掲げる事項を定めるものとする。

　一　当該指定公共機関又は指定地方公共機関が実施する新型インフルエンザ等対策の内容及び実施方法に関する事項

　二　新型インフルエンザ等対策を実施するための体制に関する事項

　三　新型インフルエンザ等対策の実施に関する関係機関との連携に関する事項

　四　前三号に掲げるもののほか、新型インフルエンザ等対策の実施に関し必要な事項

3　指定公共機関及び指定地方公共機関は、それぞれその業務計画を作成したときは、速やかに、指定公共機関にあっては当該指定公共機関を所管する指定行政機関の長を経由して内閣総理大臣に、指定地方公共機関にあっては当該指定地方公共機関を指定した都道府県知事に報告しなければならない。この場合において、内閣総理大臣又は都道府県知事は、当該指定公共機関又は指定地方公共機関に対し、必要な助言をすることができる。

4　指定公共機関及び指定地方公共機関は、それぞれその業務計画を作成したときは、速やかに、これを関係都道府県知事及び関係市町村長に通知するとともに、その要旨を公表しなければならない。

5　第七条第七項の規定は、業務計画の作成について準用する。

6　前三項の規定は、業務計画の変更について準用する。

（物資及び資材の備蓄等）

第十条　指定行政機関の長及び指定地方行政機関の長、地方公共団体の長等並びに指定公共機関及び指定地方公共機関（第十二条及び第五十一条において「指定行政機関の長等」という。）は、政府行動計画、都道府県行動計画、市町村行動計画又は業務計画で定めるところにより、その所掌事務又は業務に係る新型インフルエンザ等対策の実施に必要な医薬品その他の物資及び資材を備蓄し、整備し、若しくは点検し、又は新型インフルエンザ等対策の実施に必要なその管理に属する施設及び設備を整備し、若しくは点検しなければならない。

（災害対策基本法の規定による備蓄との関係）

第十一条　前条の規定による物資及び資材の備蓄と、災害対策基本法（昭和三十六年法律第二百二十三号）第四十九条の規定による物資及び資材の備蓄とは、相互に兼ねることができる。

（訓練）

第十二条　指定行政機関の長等は、政府行動計画、都道府県行動計画、市町村行動計画又は業務計画で定めるところにより、それぞれ又は他の指定行政機関の長等と共同して、新型インフルエンザ等対策についての訓練を行うよう努めなければならない。この場合においては、災害対策基本法第四十八条第一項の防災訓練との有機的な連携が図られるよう配慮するものとする。

2　都道府県公安委員会は、前項の訓練の効果的な実施を図るため特に必要があると認めるときは、政令で定めるところにより、当該訓練の実施に必要な限度で、区域又は道路の区間を指定して、歩行者又は車両の道路における通行を禁止し、又は制限することができる。

3　指定行政機関の長等は、第一項の訓練を行おうとするときは、住民その他関係のある公私の団体に協力を要請することができる。

（知識の普及等）

第十三条　国及び地方公共団体は、新型インフルエンザ等の予防及びまん延の防止に関する知識を普及するとともに、新型インフルエンザ等対策の重要性について国民の理解と関心を深めるため、国民に対する啓発に努めなければならない。

　　　第三章　新型インフルエンザ等の発生時における措置

（新型インフルエンザ等の発生等に関する報告）

第十四条　厚生労働大臣は、感染症法第四十四条の二第一項又は第四十四条の六第一項の

規定により新型インフルエンザ等が発生したと認めた旨を公表するときは、内閣総理大臣に対し、当該新型インフルエンザ等の発生の状況、当該新型インフルエンザ等にかかった場合の病状の程度その他の必要な情報の報告をしなければならない。

（政府対策本部の設置）

第十五条　内閣総理大臣は、前条の報告があったときは、当該報告に係る新型インフルエンザ等にかかった場合の病状の程度が、感染症法第六条第六項第一号に掲げるインフルエンザにかかった場合の病状の程度に比しておおむね同程度以下であると認められる場合を除き、内閣法（昭和二十二年法律第五号）第十二条第四項の規定にかかわらず、閣議にかけて、臨時に内閣に新型インフルエンザ等対策本部（以下「政府対策本部」という。）を設置するものとする。

2　内閣総理大臣は、政府対策本部を置いたときは、当該政府対策本部の名称並びに設置の場所及び期間を国会に報告するとともに、これを公示しなければならない。

（政府対策本部の組織）

第十六条　政府対策本部の長は、新型インフルエンザ等対策本部長（以下「政府対策本部長」という。）とし、内閣総理大臣（内閣総理大臣に事故があるときは、そのあらかじめ指名する国務大臣）をもって充てる。

2　政府対策本部長は、政府対策本部の事務を総括し、所部の職員を指揮監督する。

3　政府対策本部に、新型インフルエンザ等対策副本部長（以下この条及び第二十条第三項において「政府対策副本部長」という。）、新型インフルエンザ等対策本部員（以下この条において「政府対策本部員」という。）その他の職員を置く。

4　政府対策副本部長は、国務大臣をもって充てる。

5　政府対策副本部長は、政府対策本部長を助け、政府対策本部長に事故があるときは、その職務を代理する。政府対策副本部長が二人以上置かれている場合にあっては、あらかじめ政府対策本部長が定めた順序で、その職務を代理する。

6　政府対策本部員は、政府対策本部長及び政府対策副本部長以外の全ての国務大臣をもって充てる。この場合において、国務大臣が不在のときは、そのあらかじめ指名する副大臣（内閣官房副長官を含む。）がその職務を代行することができる。

7　政府対策副本部長及び政府対策本部員以外の政府対策本部の職員は、内閣官房の職員、指定行政機関の長（国務大臣を除く。）その他の職員又は関係する指定地方行政機関の長その他の職員のうちから、内閣総理大臣が任命する。

８　新型インフルエンザ等が国内において発生した場合には、政府対策本部に、政府対策本部長の定めるところにより政府対策本部の事務の一部を行う組織として、新型インフルエンザ等現地対策本部（以下この条において「政府現地対策本部」という。）を置くことができる。この場合においては、地方自治法（昭和二十二年法律第六十七号）第百五十六条第四項の規定は、適用しない。

９　政府対策本部長は、前項の規定により政府現地対策本部を置いたときは当該政府現地対策本部の名称並びに設置の場所及び期間を、当該政府現地対策本部を廃止したときはその旨を、国会に報告するとともに、これを公示しなければならない。

１０　政府現地対策本部に、新型インフルエンザ等現地対策本部長（次項及び第十二項において「政府現地対策本部長」という。）及び新型インフルエンザ等現地対策本部員（同項において「政府現地対策本部員」という。）その他の職員を置く。

１１　政府現地対策本部長は、政府対策本部長の命を受け、政府現地対策本部の事務を掌理する。

１２　政府現地対策本部長及び政府現地対策本部員その他の職員は、政府対策副本部長、政府対策本部員その他の職員のうちから、政府対策本部長が指名する者をもって充てる。

（政府対策本部の所掌事務）

第十七条　政府対策本部は、次に掲げる事務をつかさどる。

一　指定行政機関、地方公共団体及び指定公共機関が次条第一項に規定する基本的対処方針に基づき実施する新型インフルエンザ等対策の総合的な推進に関すること。

二　第二十条第一項及び第三十三条第一項の規定により政府対策本部長の権限に属する事務

三　前二号に掲げるもののほか、法令の規定によりその権限に属する事務

（基本的対処方針）

第十八条　政府対策本部は、政府行動計画に基づき、新型インフルエンザ等への基本的な対処の方針（以下「基本的対処方針」という。）を定めるものとする。

２　基本的対処方針においては、次に掲げる事項を定めるものとする。

一　新型インフルエンザ等の発生の状況に関する事実

二　当該新型インフルエンザ等への対処に関する全般的な方針

三　新型インフルエンザ等対策の実施に関する重要事項

3　政府対策本部長は、基本的対処方針を定めたときは、直ちに、これを公示してその周知を図らなければならない。

4　政府対策本部長は、基本的対処方針を定めようとするときは、あらかじめ、感染症に関する専門的な知識を有する者その他の学識経験者の意見を聴かなければならない。ただし、緊急を要する場合で、あらかじめ、その意見を聴くいとまがないときは、この限りでない。

5　前二項の規定は、基本的対処方針の変更について準用する。

　（指定行政機関の長の権限の委任）

第十九条　指定行政機関の長は、政府対策本部が設置されたときは、新型インフルエンザ等対策の実施のため必要な権限の全部又は一部を当該政府対策本部の職員である当該指定行政機関の職員又は当該指定地方行政機関の長若しくはその職員に委任することができる。

2　指定行政機関の長は、前項の規定による委任をしたときは、直ちに、その旨を公示しなければならない。

　（政府対策本部長の権限）

第二十条　政府対策本部長は、新型インフルエンザ等対策を的確かつ迅速に実施するため必要があると認めるときは、基本的対処方針に基づき、指定行政機関の長及び指定地方行政機関の長並びに前条の規定により権限を委任された当該指定行政機関の職員及び当該指定地方行政機関の職員、都道府県の知事その他の執行機関（以下「都道府県知事等」という。）並びに指定公共機関に対し、指定行政機関、都道府県及び指定公共機関が実施する新型インフルエンザ等対策に関する総合調整を行うことができる。

2　前項の場合において、当該都道府県知事等及び指定公共機関は、当該都道府県又は指定公共機関が実施する新型インフルエンザ等対策に関して政府対策本部長が行う総合調整に関し、政府対策本部長に対して意見を申し出ることができる。

3　政府対策本部長は、第一項の規定による権限の全部又は一部を政府対策副本部長に委任することができる。

4　政府対策本部長は、前項の規定による委任をしたときは、直ちに、その旨を公示しなければならない。

　（政府対策本部の廃止）

第二十一条　政府対策本部は、第十五条第一項に規定する新型インフルエンザ等にかかっ

た場合の病状の程度が、感染症法第六条第六項第一号に掲げるインフルエンザにかかった場合の病状の程度に比しておおむね同程度以下であることが明らかとなったとき、又は感染症法第四十四条の二第三項の規定による公表がされ、若しくは感染症法第五十三条第一項の政令が廃止されたときに、廃止されるものとする。

2　内閣総理大臣は、政府対策本部が廃止されたときは、その旨を国会に報告するとともに、これを公示しなければならない。

（都道府県対策本部の設置及び所掌事務）

第二十二条　第十五条第一項の規定により政府対策本部が設置されたときは、都道府県知事は、都道府県行動計画で定めるところにより、直ちに、都道府県対策本部を設置しなければならない。

2　都道府県対策本部は、当該都道府県及び当該都道府県の区域内の市町村並びに指定公共機関及び指定地方公共機関が実施する当該都道府県の区域に係る新型インフルエンザ等対策の総合的な推進に関する事務をつかさどる。

（都道府県対策本部の組織）

第二十三条　都道府県対策本部の長は、都道府県対策本部長とし、都道府県知事をもって充てる。

2　都道府県対策本部に本部員を置き、次に掲げる者（道府県知事が設置するものにあっては、第四号に掲げる者を除く。）をもって充てる。

　一　副知事

　二　都道府県教育委員会の教育長

　三　警視総監又は道府県警察本部長

　四　特別区の消防長

　五　前各号に掲げる者のほか、都道府県知事が当該都道府県の職員のうちから任命する者

3　都道府県対策本部に副本部長を置き、前項の本部員のうちから、都道府県知事が指名する。

4　都道府県対策本部長は、必要があると認めるときは、国の職員その他当該都道府県の職員以外の者を都道府県対策本部の会議に出席させることができる。

（都道府県対策本部長の権限）

第二十四条　都道府県対策本部長は、当該都道府県の区域に係る新型インフルエンザ等対

策を的確かつ迅速に実施するため必要があると認めるときは、当該都道府県及び関係市町村並びに関係指定公共機関及び指定地方公共機関が実施する当該都道府県の区域に係る新型インフルエンザ等対策に関する総合調整を行うことができる。

2　前項の場合において、関係市町村の長その他の執行機関（第三十三条第二項において「関係市町村長等」という。）又は関係指定公共機関若しくは指定地方公共機関は、当該関係市町村又は関係指定公共機関若しくは指定地方公共機関が実施する当該都道府県の区域に係る新型インフルエンザ等対策に関して都道府県対策本部長が行う総合調整に関し、当該都道府県対策本部長に対して意見を申し出ることができる。

3　都道府県対策本部長は、当該都道府県の区域に係る新型インフルエンザ等対策の実施に関し、指定行政機関又は指定公共機関と緊密な連絡を図る必要があると認めるときは、当該連絡を要する事項を所管する指定地方行政機関の長（当該指定地方行政機関がないときは、当該指定行政機関の長）又は当該指定公共機関に対し、その指名する職員を派遣するよう求めることができる。

4　都道府県対策本部長は、特に必要があると認めるときは、政府対策本部長に対し、指定行政機関及び指定公共機関が実施する新型インフルエンザ等対策に関する総合調整を行うよう要請することができる。この場合において、政府対策本部長は、必要があると認めるときは、所要の総合調整を行わなければならない。

5　都道府県対策本部長は、第一項の総合調整を行うため必要があると認めるときは、政府対策本部長に対し、当該都道府県の区域に係る新型インフルエンザ等対策の実施に関し必要な情報の提供を求めることができる。

6　都道府県対策本部長は、第一項の総合調整を行うため必要があると認めるときは、当該総合調整の関係機関に対し、それぞれ当該都道府県の区域に係る新型インフルエンザ等対策の実施の状況について報告又は資料の提出を求めることができる。

7　都道府県対策本部長は、当該都道府県警察及び当該都道府県の教育委員会に対し、当該都道府県の区域に係る新型インフルエンザ等対策を実施するため必要な限度において、必要な措置を講ずるよう求めることができる。

8　都道府県対策本部長は、当該都道府県の区域に係る新型インフルエンザ等対策を的確かつ迅速に実施するため必要があると認めるときは、指定行政機関の長又は指定地方行政機関の長に対し、これらの所掌事務に係る新型インフルエンザ等対策の実施に関し必要な要請をすることができる。

9　都道府県対策本部長は、当該都道府県の区域に係る新型インフルエンザ等対策を的確かつ迅速に実施するため必要があると認めるときは、公私の団体又は個人に対し、その区域に係る新型インフルエンザ等対策の実施に関し必要な協力の要請をすることができる。

（都道府県対策本部の廃止）

第二十五条　第二十一条第一項の規定により政府対策本部が廃止されたときは、都道府県知事は、遅滞なく、都道府県対策本部を廃止するものとする。

（条例への委任）

第二十六条　第二十二条から前条まで及び第三十三条第二項に規定するもののほか、都道府県対策本部に関し必要な事項は、都道府県の条例で定める。

（指定公共機関及び指定地方公共機関の応援の要求）

第二十七条　指定公共機関又は指定地方公共機関は、その業務に係る新型インフルエンザ等対策を実施するため特に必要があると認めるときは、指定行政機関の長若しくは指定地方行政機関の長又は地方公共団体の長に対し、労務、施設、設備又は物資の確保について応援を求めることができる。この場合において、応援を求められた指定行政機関の長及び指定地方行政機関の長並びに地方公共団体の長は、正当な理由がない限り、応援を拒んではならない。

（特定接種）

第二十八条　政府対策本部長は、医療の提供並びに国民生活及び国民経済の安定を確保するため緊急の必要があると認めるときは、厚生労働大臣に対し、次に掲げる措置を講ずるよう指示することができる。

一　医療の提供の業務又は国民生活及び国民経済の安定に寄与する業務を行う事業者であって厚生労働大臣の定めるところにより厚生労働大臣の登録を受けているもの（第三項及び第四項において「登録事業者」という。）のこれらの業務に従事する者（厚生労働大臣の定める基準に該当する者に限る。）並びに新型インフルエンザ等対策の実施に携わる国家公務員に対し、臨時に予防接種を行うこと。

二　新型インフルエンザ等対策の実施に携わる地方公務員に対し、臨時に予防接種を行うよう、当該地方公務員の所属する都道府県又は市町村の長に指示すること。

2　前項の規定による指示をする場合には、政府対策本部長は、予防接種の期間を指定するものとする。

3　厚生労働大臣は、第一項の規定による指示に基づき行う予防接種（以下この条及び第三十一条において「特定接種」という。）及び同項第一号の登録の実施に関し必要があると認めるときは、官公署に対し、必要な書類の閲覧若しくは資料の提供を求め、又は登録事業者その他の関係者に対し、必要な事項の報告を求めることができる。

4　厚生労働大臣は、特定接種及び第一項第一号の登録の円滑な実施のため必要があると認めるときは、登録事業者、都道府県知事、市町村長及び各省各庁の長（財政法（昭和二十二年法律第三十四号）第二十条第二項に規定する各省各庁の長をいう。）に対して、労務又は施設の確保その他の必要な協力を求めることができる。この場合において、協力を求められた登録事業者、都道府県知事及び市町村長は、正当な理由がない限り、協力を拒んではならない。

5　厚生労働大臣が行う特定接種は、予防接種法（昭和二十三年法律第六十八号）第六条第一項の規定による予防接種とみなして、同法（第十二条第二項、第二十六条及び第二十七条を除く。）の規定を適用する。この場合において、同法第七条及び第八条中「市町村長又は都道府県知事」とあり、並びに同法第十五条第一項、第十八条及び第十九条第一項中「市町村長」とあるのは「厚生労働大臣」と、同法第十五条第一項中「当該市町村の区域内に居住する間に定期の予防接種等」とあるのは「その行う臨時の予防接種」と、「当該定期の予防接種等」とあるのは「当該予防接種」と、同法第二十五条第一項中「市町村（第六条第一項の規定による予防接種については、都道府県又は市町村）」とあり、及び同条第二項中「市町村」とあるのは「国」とする。

6　都道府県知事が行う特定接種は、予防接種法第六条第一項の規定による予防接種とみなして、同法（第二十六条及び第二十七条を除く。）の規定を適用する。この場合において、同法第十五条第一項、第十八条及び第十九条第一項中「市町村長」とあるのは「都道府県知事」と、同法第十五条第一項中「当該市町村の区域内に居住する間に定期の予防接種等」とあるのは「その行う臨時の予防接種」と、「当該定期の予防接種等」とあるのは「当該予防接種」と、同法第二十五条第一項中「市町村（第六条第一項の規定による予防接種については、都道府県又は市町村）」とあり、及び同条第二項中「市町村」とあるのは「都道府県」とする。

7　市町村長が行う特定接種は、予防接種法第六条第一項の規定による予防接種とみなして、同法（第二十六条及び第二十七条を除く。）の規定を適用する。この場合において、同法第十五条第一項中「当該市町村の区域内に居住する間に定期の予防接種等」とある

のは「その行う臨時の予防接種」と、「当該定期の予防接種等」とあるのは「当該予防接種」と、同法第二十五条第一項中「市町村（第六条第一項の規定による予防接種については、都道府県又は市町村）」とあるのは「市町村」とする。

　　　（平二五法八・一部改正）

（停留を行うための施設の使用）

第二十九条　厚生労働大臣は、外国において新型インフルエンザ等が発生した場合には、発生国（新型インフルエンザ等の発生した外国をいう。以下この項において同じ。）における新型インフルエンザ等の発生及びまん延の状況並びに我が国における検疫所の設備の状況、検疫法（昭和二十六年法律第二百一号）第十四条第一項第二号に掲げる措置（第五項及び次条第一項において「停留」という。）をされるべき者の増加その他の事情を勘案し、検疫を適切に行うため必要があると認めるときは、検疫港（同法第三条に規定する検疫港をいう。第四項において同じ。）及び検疫飛行場（同法第三条に規定する検疫飛行場をいう。第四項において同じ。）のうち、発生国を発航し、又は発生国に寄航して来航しようとする船舶又は航空機（当該船舶又は航空機の内部に発生国内の地点から乗り込んだ者がいるものに限る。第四項及び次条第二項において「特定船舶等」という。）に係る検疫を行うべきもの（以下この条において「特定検疫港等」という。）を定めることができる。

2　厚生労働大臣は、特定検疫港等を定めようとするときは、国土交通大臣に協議するものとする。

3　厚生労働大臣は、特定検疫港等を定めたときは、遅滞なく、これを告示するものとする。

4　検疫所長は、特定検疫港等以外の検疫港又は検疫飛行場に、特定船舶等が来航したときは、特定検疫港等に回航すべき旨を指示するものとする。

5　特定検疫港等において検疫を行う検疫所長（第七十一条第一項において「特定検疫所長」という。）は、特定検疫港等において検疫をされるべき者が増加し、停留を行うための施設の不足により停留を行うことが困難であると認められる場合において、検疫を適切に行うため必要があると認めるときであって、病院若しくは診療所若しくは宿泊施設（特定検疫港等の周辺の区域であって、特定検疫港等からの距離その他の事情を勘案して厚生労働大臣が指定する区域内に存するものに限る。以下この項において「特定病院等」という。）の管理者が正当な理由がないのに検疫法第十六条第二項（同法第三十四

条において準用する場合を含む。以下この項において同じ。）若しくは第三十四条の四第一項の規定による委託を受けず、若しくは同法第十六条第二項の同意をしないとき、又は当該特定病院等の管理者の所在が不明であるため同項若しくは同法第三十四条の四第一項の規定による委託をできず、若しくは同法第十六条第二項の同意を求めることができないときは、同項又は同法第三十四条の四第一項の規定にかかわらず、同法第十六条第二項若しくは第三十四条の四第一項の規定による委託をせず、又は同法第十六条第二項の同意を得ないで、当該特定病院等を使用することができる。

6　第二項及び第三項の規定は、特定検疫港等の変更について準用する。

（運航の制限の要請等）

第三十条　厚生労働大臣は、前条の規定による措置を講じても停留を行うことが著しく困難であると認められ、新型インフルエンザ等の病原体が船舶又は航空機を介して国内に侵入することを防止できないおそれがあるときは、政府対策本部長に対し、その旨を報告しなければならない。

2　政府対策本部長は、前項の規定による報告を踏まえ、新型インフルエンザ等の国内における発生を防止し、国民の生命及び健康に対する著しく重大な被害の発生並びに国民生活及び国民経済の混乱を回避するため緊急の必要があると認めるときは、国際的な連携を確保しつつ、特定船舶等の運航を行う事業者に対し、当該特定船舶等の来航を制限するよう要請することができる。

3　政府対策本部長は、前項の規定による要請をしたときは、遅滞なく、その旨を公表しなければならない。

（医療等の実施の要請等）

第三十一条　都道府県知事は、新型インフルエンザ等の患者又は新型インフルエンザ等にかかっていると疑うに足りる正当な理由のある者（以下「患者等」という。）に対する医療の提供を行うため必要があると認めるときは、医師、看護師その他の政令で定める医療関係者（以下「医療関係者」という。）に対し、その場所及び期間その他の必要な事項を示して、当該患者等に対する医療を行うよう要請することができる。

2　厚生労働大臣及び都道府県知事は、特定接種を行うため必要があると認めるときは、医療関係者に対し、その場所及び期間その他の必要な事項を示して、当該特定接種の実施に関し必要な協力の要請をすることができる。

3　医療関係者が正当な理由がないのに前二項の規定による要請に応じないときは、厚生

労働大臣及び都道府県知事は、患者等に対する医療又は特定接種（以下この条及び第六十二条第二項において「患者等に対する医療等」という。）を行うため特に必要があると認めるときに限り、当該医療関係者に対し、患者等に対する医療等を行うべきことを指示することができる。この場合においては、前二項の事項を書面で示さなければならない。

4　厚生労働大臣及び都道府県知事は、前三項の規定により医療関係者に患者等に対する医療等を行うことを要請し、又は患者等に対する医療等を行うべきことを指示するときは、当該医療関係者の生命及び健康の確保に関し十分に配慮し、危険が及ばないよう必要な措置を講じなければならない。

5　市町村長は、特定接種を行うため必要があると認めるときは、都道府県知事に対し、第二項又は第三項の規定による要請又は指示を行うよう求めることができる。

　　　第四章　新型インフルエンザ等緊急事態措置

　　　　第一節　通則

（新型インフルエンザ等緊急事態宣言等）

第三十二条　政府対策本部長は、新型インフルエンザ等（国民の生命及び健康に著しく重大な被害を与えるおそれがあるものとして政令で定める要件に該当するものに限る。以下この章において同じ。）が国内で発生し、その全国的かつ急速なまん延により国民生活及び国民経済に甚大な影響を及ぼし、又はそのおそれがあるものとして政令で定める要件に該当する事態（以下「新型インフルエンザ等緊急事態」という。）が発生したと認めるときは、新型インフルエンザ等緊急事態が発生した旨及び次に掲げる事項の公示（第五項及び第三十四条第一項において「新型インフルエンザ等緊急事態宣言」という。）をし、並びにその旨及び当該事項を国会に報告するものとする。

一　新型インフルエンザ等緊急事態措置を実施すべき期間

二　新型インフルエンザ等緊急事態措置（第四十六条の規定による措置を除く。）を実施すべき区域

三　新型インフルエンザ等緊急事態の概要

2　前項第一号に掲げる期間は、二年を超えてはならない。

3　政府対策本部長は、新型インフルエンザ等のまん延の状況並びに国民生活及び国民経済の状況を勘案して第一項第一号に掲げる期間を延長し、又は同項第二号に掲げる区域を変更することが必要であると認めるときは、当該期間を延長する旨又は当該区域を変

更する旨の公示をし、及びこれを国会に報告するものとする。

4 前項の規定により延長する期間は、一年を超えてはならない。

5 政府対策本部長は、新型インフルエンザ等緊急事態宣言をした後、新型インフルエン
ザ等緊急事態措置を実施する必要がなくなったと認めるときは、速やかに、新型インフ
ルエンザ等緊急事態解除宣言（新型インフルエンザ等緊急事態が終了した旨の公示をい
う。）をし、及び国会に報告するものとする。

6 政府対策本部長は、第一項又は第三項の公示をしたときは、基本的対処方針を変更
し、第十八条第二項第三号に掲げる事項として当該公示の後に必要とされる新型インフ
ルエンザ等緊急事態措置の実施に関する重要な事項を定めなければならない。

（政府対策本部長及び都道府県対策本部長の指示）

第三十三条　政府対策本部長は、新型インフルエンザ等緊急事態において、第二十条第一
項の総合調整に基づく所要の措置が実施されない場合であって、新型インフルエンザ等
対策を的確かつ迅速に実施するため特に必要があると認めるときは、その必要な限度
において、指定行政機関の長及び指定地方行政機関の長並びに第十九条の規定により権限
を委任された当該指定行政機関の職員及び当該指定地方行政機関の職員、都道府県知事
等並びに指定公共機関に対し、必要な指示をすることができる。この場合においては、
第二十条第三項及び第四項の規定を準用する。

2 都道府県対策本部長は、新型インフルエンザ等緊急事態において、第二十四条第一項
の総合調整に基づく所要の措置が実施されない場合であって、当該都道府県の区域に係
る新型インフルエンザ等対策を的確かつ迅速に実施するため特に必要があると認める
ときは、その必要な限度において、関係市町村長等並びに指定公共機関及び指定地方公
共機関に対し、必要な指示をすることができる。

（市町村対策本部の設置及び所掌事務）

第三十四条　新型インフルエンザ等緊急事態宣言がされたときは、市町村長は、市町村行
動計画で定めるところにより、直ちに、市町村対策本部を設置しなければならない。

2 市町村対策本部は、当該市町村が実施する当該市町村の区域に係る新型インフルエン
ザ等対策の総合的な推進に関する事務をつかさどる。

（市町村対策本部の組織）

第三十五条　市町村対策本部の長は、市町村対策本部長とし、市町村長をもって充てる。

2 市町村対策本部に本部員を置き、次に掲げる者をもって充てる。

　一　副市町村長

　二　市町村教育委員会の教育長

　三　当該市町村の区域を管轄する消防長又はその指名する消防吏員（消防本部を置かない市町村にあっては、消防団長）

　四　前三号に掲げる者のほか、市町村長が当該市町村の職員のうちから任命する者

3　市町村対策本部に副本部長を置き、前項の本部員のうちから、市町村長が指名する。

4　市町村対策本部長は、必要があると認めるときは、国の職員その他当該市町村の職員以外の者を市町村対策本部の会議に出席させることができる。

（市町村対策本部長の権限）

第三十六条　市町村対策本部長は、当該市町村の区域に係る新型インフルエンザ等緊急事態措置を的確かつ迅速に実施するため必要があると認めるときは、当該市町村が実施する当該市町村の区域に係る新型インフルエンザ等緊急事態措置に関する総合調整を行うことができる。

2　市町村対策本部長は、特に必要があると認めるときは、都道府県対策本部長に対し、都道府県並びに指定公共機関及び指定地方公共機関が実施する新型インフルエンザ等緊急事態措置に関する総合調整を行うよう要請することができる。この場合において、都道府県対策本部長は、必要があると認めるときは、所要の総合調整を行わなければならない。

3　市町村対策本部長は、特に必要があると認めるときは、都道府県対策本部長に対し、指定行政機関及び指定公共機関が実施する新型インフルエンザ等緊急事態措置に関する第二十四条第四項の規定による要請を行うよう求めることができる。

4　市町村対策本部長は、第一項の総合調整を行うため必要があると認めるときは、都道府県対策本部長に対し、当該市町村の区域に係る新型インフルエンザ等緊急事態措置の実施に関し必要な情報の提供を求めることができる。

5　市町村対策本部長は、第一項の総合調整を行うため必要があると認めるときは、当該総合調整の関係機関に対し、当該市町村の区域に係る新型インフルエンザ等緊急事態措置の実施の状況について報告又は資料の提出を求めることができる。

6　市町村対策本部長は、当該市町村の教育委員会に対し、当該市町村の区域に係る新型インフルエンザ等緊急事態措置を実施するため必要な限度において、必要な措置を講ずるよう求めることができる。

7　市町村対策本部長は、当該市町村の区域に係る新型インフルエンザ等緊急事態措置を的確かつ迅速に実施するため必要があると認めるときは、都道府県対策本部長に対し、当該都道府県の区域に係る新型インフルエンザ等緊急事態措置の実施に関し必要な要請をすることができる。

（準用）

第三十七条　第二十五条及び第二十六条の規定は、市町村対策本部について準用する。この場合において、第二十五条中「第二十一条第一項の規定により政府対策本部が廃止された」とあるのは「第三十二条第五項の公示がされた」と、「都道府県知事」とあるのは「市町村長」と、第二十六条中「第二十二条から前条まで及び第三十三条第二項」とあるのは「第三十四条から第三十六条まで及び第三十七条において読み替えて準用する第二十五条」と、「都道府県の」とあるのは「市町村の」と読み替えるものとする。

（特定都道府県知事による代行）

第三十八条　その区域の全部又は一部が第三十二条第一項第二号に掲げる区域内にある市町村（以下「特定市町村」という。）の長（以下「特定市町村長」という。）は、新型インフルエンザ等のまん延により特定市町村がその全部又は大部分の事務を行うことができなくなったと認めるときは、当該特定市町村の属する都道府県（以下「特定都道府県」という。）の知事（以下「特定都道府県知事」という。）に対し、当該特定市町村長が実施すべき当該特定市町村の区域に係る新型インフルエンザ等緊急事態措置の全部又は一部の実施を要請することができる。

2　特定都道府県知事は、当該特定都道府県の区域内の特定市町村長から前項の規定による要請を受けたときは、当該特定市町村長が実施すべき当該特定市町村の区域に係る新型インフルエンザ等緊急事態措置の全部又は一部を当該特定市町村長に代わって実施しなければならない。

3　特定都道府県知事は、前項の規定により特定市町村長の事務の代行を開始し、又は終了したときは、その旨を公示しなければならない。

4　第二項の規定による特定都道府県知事の代行に関し必要な事項は、政令で定める。

（他の地方公共団体の長等に対する応援の要求）

第三十九条　特定都道府県の知事その他の執行機関（以下「特定都道府県知事等」という。）は、当該特定都道府県の区域に係る新型インフルエンザ等緊急事態措置を実施するため必要があると認めるときは、他の都道府県知事等に対し、応援を求めることがで

きる。

2　特定市町村の長その他の執行機関（以下「特定市町村長等」という。）は、当該特定市町村の区域に係る新型インフルエンザ等緊急事態措置を実施するため必要があると認めるときは、他の市町村の長その他の執行機関に対し、応援を求めることができる。

3　前二項の応援に従事する者は、新型インフルエンザ等緊急事態措置の実施については、当該応援を求めた特定都道府県知事等又は特定市町村長等の指揮の下に行動するものとする。この場合において、警察官にあっては、当該応援を求めた特定都道府県の公安委員会の管理の下にその職権を行うものとする。

第四十条　特定市町村長等は、当該特定市町村の区域に係る新型インフルエンザ等緊急事態措置を実施するため必要があると認めるときは、特定都道府県知事等に対し、応援を求めることができる。この場合において、応援を求められた特定都道府県知事等は、正当な理由がない限り、応援を拒んではならない。

（事務の委託の手続の特例）

第四十一条　特定市町村は、当該特定市町村の区域に係る新型インフルエンザ等緊急事態措置を実施するため必要があると認めるときは、地方自治法第二百五十二条の十四及び第二百五十二条の十五の規定にかかわらず、政令で定めるところにより、その事務又は特定市町村長等の権限に属する事務の一部を他の地方公共団体に委託して、当該他の地方公共団体の長等にこれを管理し、及び執行させることができる。

（職員の派遣の要請）

第四十二条　特定都道府県知事等又は特定市町村長等は、新型インフルエンザ等緊急事態措置の実施のため必要があるときは、政令で定めるところにより、指定行政機関の長若しくは指定地方行政機関の長又は特定指定公共機関（指定公共機関である行政執行法人（独立行政法人通則法第二条第四項に規定する行政執行法人をいう。）をいう。以下この項及び次条において同じ。）に対し、当該指定行政機関若しくは指定地方行政機関又は特定指定公共機関の職員の派遣を要請することができる。

2　その区域の全部又は一部が第三十二条第一項第二号に掲げる区域内にある地方公共団体の委員会及び委員は、前項の規定により職員の派遣を要請しようとするときは、あらかじめ、当該地方公共団体の長に協議しなければならない。

3　特定市町村長等が第一項の規定による職員の派遣を要請するときは、特定都道府県知事等を経由してするものとする。ただし、人命の保護のために特に緊急を要する場合に

ついては、この限りでない。

（平二六法六七・一部改正）

（職員の派遣義務）

第四十三条　指定行政機関の長及び指定地方行政機関の長、地方公共団体の長等並びに特定指定公共機関及び特定指定地方公共機関（指定地方公共機関である地方独立行政法人法第二条第二項に規定する特定地方独立行政法人をいう。）は、前条第一項の規定による要請又は地方自治法第二百五十二条の十七第一項若しくは地方独立行政法人法第百二十四条第一項の規定による求めがあったときは、その所掌事務又は業務の遂行に著しい支障のない限り、適任と認める職員を派遣しなければならない。

（平二五法四四・一部改正）

（職員の身分取扱い）

第四十四条　災害対策基本法第三十二条の規定は、前条の規定により新型インフルエンザ等緊急事態措置の実施のため派遣された職員の身分取扱いについて準用する。この場合において、同法第三十二条第一項中「災害派遣手当」とあるのは、「新型インフルエンザ等緊急事態派遣手当」と読み替えるものとする。

　　　　第二節　まん延の防止に関する措置

（感染を防止するための協力要請等）

第四十五条　特定都道府県知事は、新型インフルエンザ等緊急事態において、新型インフルエンザ等のまん延を防止し、国民の生命及び健康を保護し、並びに国民生活及び国民経済の混乱を回避するため必要があると認めるときは、当該特定都道府県の住民に対し、新型インフルエンザ等の潜伏期間及び治癒までの期間並びに発生の状況を考慮して当該特定都道府県知事が定める期間及び区域において、生活の維持に必要な場合を除きみだりに当該者の居宅又はこれに相当する場所から外出しないことその他の新型インフルエンザ等の感染の防止に必要な協力を要請することができる。

2　特定都道府県知事は、新型インフルエンザ等緊急事態において、新型インフルエンザ等のまん延を防止し、国民の生命及び健康を保護し、並びに国民生活及び国民経済の混乱を回避するため必要があると認めるときは、新型インフルエンザ等の潜伏期間及び治癒までの期間を考慮して当該特定都道府県知事が定める期間において、学校、社会福祉施設（通所又は短期間の入所により利用されるものに限る。）、興行場（興行場法（昭和二十三年法律第百三十七号）第一条第一項に規定する興行場をいう。）その他の政令で

定める多数の者が利用する施設を管理する者又は当該施設を使用して催物を開催する者（次項において「施設管理者等」という。）に対し、当該施設の使用の制限若しくは停止又は催物の開催の制限若しくは停止その他政令で定める措置を講ずるよう要請することができる。

3　施設管理者等が正当な理由がないのに前項の規定による要請に応じないときは、特定都道府県知事は、新型インフルエンザ等のまん延を防止し、国民の生命及び健康を保護し、並びに国民生活及び国民経済の混乱を回避するため特に必要があると認めるときに限り、当該施設管理者等に対し、当該要請に係る措置を講ずべきことを指示することができる。

4　特定都道府県知事は、第二項の規定による要請又は前項の規定による指示をしたときは、遅滞なく、その旨を公表しなければならない。

（住民に対する予防接種）

第四十六条　政府対策本部は、新型インフルエンザ等緊急事態において、新型インフルエンザ等が国民の生命及び健康に著しく重大な被害を与え、国民生活及び国民経済の安定が損なわれることのないようにするため緊急の必要があると認めるときは、基本的対処方針を変更し、第十八条第二項第三号に掲げる重要事項として、予防接種法第六条第一項の規定による予防接種の対象者及び期間を定めるものとする。

2　前項の規定により予防接種法第六条第一項の規定による予防接種の対象者を定めるに当たっては、新型インフルエンザ等が国民の生命及び健康に及ぼす影響並びに国民生活及び国民経済に及ぼす長期的な影響を考慮するものとする。

3　第一項の規定により基本的対処方針において予防接種法第六条第一項の規定による予防接種の対象者及び期間が定められた場合における同法の規定の適用については、同項中「都道府県知事」とあるのは「市町村長」と、「行い、又は市町村長に行うよう指示する」とあるのは「行う」と、同条第二項中「都道府県知事」とあるのは「都道府県知事を通じ市町村長」と、同法第二十五条第一項中「市町村（第六条第一項の規定による予防接種については、都道府県又は市町村）」とあるのは「市町村」とする。

4　前項に規定する場合においては、予防接種法第二十六条及び第二十七条の規定は、適用しない。

5　市町村長は、第三項の規定により読み替えて適用する予防接種法第六条第一項の規定による予防接種の円滑な実施のため必要があると認めるときは、指定行政機関の長及び

都道府県知事に対して、物資の確保その他の必要な協力を求めることができる。この場合において、協力を求められた指定行政機関の長及び都道府県知事は、正当な理由がない限り、協力を拒んではならない。

6　第三十一条第二項から第五項までの規定は、第三項の規定により読み替えて適用する予防接種法第六条第一項の規定による予防接種について準用する。この場合において、第三十一条第二項から第四項までの規定中「厚生労働大臣及び都道府県知事」とあるのは、「都道府県知事」と読み替えるものとする。

　　　　（平二五法八・一部改正）

　　　第三節　医療等の提供体制の確保に関する措置

（医療等の確保）

第四十七条　病院その他の医療機関又は医薬品等製造販売業者（医薬品、医療機器等の品質、有効性及び安全性の確保等に関する法律第十二条第一項の許可（医薬品の製造販売業に係るものに限る。）又は同法第二十三条の二第一項若しくは第二十三条の二十第一項の許可を受けた者をいう。）、医薬品等製造業者（同法第十三条第一項の許可（医薬品の製造業に係るものに限る。）、同法第二十三条の二の三第一項の登録又は同法第二十三条の二十二第一項の許可を受けた者をいう。）若しくは医薬品等販売業者（同法第二十四条第一項の許可、同法第三十九条第一項の許可（同項に規定する高度管理医療機器等の販売業に係るものに限る。）又は同法第四十条の五第一項の許可を受けた者をいう。第五十四条第二項において同じ。）である指定公共機関及び指定地方公共機関は、新型インフルエンザ等緊急事態において、それぞれその業務計画で定めるところにより、医療又は医薬品、医療機器若しくは再生医療等製品の製造若しくは販売を確保するため必要な措置を講じなければならない。

　　　　（平二五法八四・一部改正）

（臨時の医療施設等）

第四十八条　特定都道府県知事は、当該特定都道府県の区域内において病院その他の医療機関が不足し、医療の提供に支障が生ずると認める場合には、その都道府県行動計画で定めるところにより、患者等に対する医療の提供を行うための施設（第四項において「医療施設」という。）であって特定都道府県知事が臨時に開設するもの（以下この条及び次条において「臨時の医療施設」という。）において医療を提供しなければならない。

2　特定都道府県知事は、必要があると認めるときは、政令で定めるところにより、前項

の措置の実施に関する事務の一部を特定市町村長が行うこととすることができる。

3　消防法（昭和二十三年法律第百八十六号）第十七条第一項及び第二項の規定は、臨時の医療施設については、適用しない。この場合において、特定都道府県知事は、同法に準拠して、臨時の医療施設についての消防の用に供する設備、消防用水及び消火活動上必要な施設の設置及び維持に関する基準を定め、その他当該臨時の医療施設における災害を防止し、及び公共の安全を確保するため必要な措置を講じなければならない。

4　建築基準法（昭和二十五年法律第二百一号）第八十五条第一項本文、第三項及び第四項並びに景観法（平成十六年法律第百十号）第七十七条第一項、第三項及び第四項の規定は特定都道府県知事が行う医療施設の応急の修繕及び臨時の医療施設の建築について、建築基準法第八十七条の三第一項本文、第三項及び第四項の規定は特定都道府県知事が建築物の用途を変更して臨時の医療施設として使用する場合における当該臨時の医療施設について、それぞれ準用する。この場合において、同法第八十五条第一項中「非常災害があつた」とあるのは「新型インフルエンザ等対策特別措置法（平成二十四年法律第三十一号）第三十二条第一項の規定により新型インフルエンザ等緊急事態宣言がされた」と、「非常災害区域等（非常災害が発生した区域又はこれに隣接する区域で特定行政庁が指定するものをいう。第八十七条の三第一項において同じ。）」とあるのは「同項第二号に掲げる区域」と、同項及び同法第八十七条の三第一項中「その災害が発生した日」とあるのは「当該新型インフルエンザ等緊急事態宣言がされた日」と、同項中「非常災害があつた」とあるのは「新型インフルエンザ等対策特別措置法第三十二条第一項の規定により新型インフルエンザ等緊急事態宣言がされた」と、「非常災害区域等」とあるのは「同項第二号に掲げる区域」と、景観法第七十七条第一項中「非常災害があった」とあるのは「新型インフルエンザ等対策特別措置法（平成二十四年法律第三十一号）第三十二条第一項の規定により新型インフルエンザ等緊急事態宣言がされた」と、「その発生した区域又はこれに隣接する区域で市町村長が指定するものの」とあるのは「同項第二号に掲げる区域」と、「その災害が発生した日」とあるのは「当該新型インフルエンザ等緊急事態宣言がされた日」と読み替えるものとする。

5　医療法（昭和二十三年法律第二百五号）第四章の規定は、臨時の医療施設については、適用しない。

6　特定都道府県の区域内において病院を開設した者又は医療法第七条第一項に規定する臨床研修等修了医師及び臨床研修等修了歯科医師でない者で特定都道府県の区域内

において診療所を開設したものが、新型インフルエンザ等緊急事態における医療の提供を行うことを目的として、病床数その他同条第二項の厚生労働省令で定める事項を変更しようとする場合については、当該医療の提供を行う期間（六月以内の期間に限る。）に限り、同項の規定は、適用しない。

7　前項の場合において、同項に規定する者は、当該医療の提供を開始した日から起算して十日以内に、当該病院又は診療所の所在地の特定都道府県知事（診療所の所在地が保健所を設置する市又は特別区の区域にある場合においては、当該保健所を設置する市の市長又は特別区の区長）に当該変更の内容を届け出なければならない。

　　　　（平三〇法六七・一部改正）

（土地等の使用）

第四十九条　特定都道府県知事は、当該特定都道府県の区域に係る新型インフルエンザ等緊急事態措置の実施に当たり、臨時の医療施設を開設するため、土地、家屋又は物資（以下この条及び第七十二条第一項において「土地等」という。）を使用する必要があると認めるときは、当該土地等の所有者及び占有者の同意を得て、当該土地等を使用することができる。

2　前項の場合において土地等の所有者若しくは占有者が正当な理由がないのに同意をしないとき、又は土地等の所有者若しくは占有者の所在が不明であるため同項の同意を求めることができないときは、特定都道府県知事は、臨時の医療施設を開設するため特に必要があると認めるときに限り、同項の規定にかかわらず、同意を得ないで、当該土地等を使用することができる。

　　　　第四節　国民生活及び国民経済の安定に関する措置

（物資及び資材の供給の要請）

第五十条　特定都道府県知事又は特定市町村長は、新型インフルエンザ等緊急事態において、新型インフルエンザ等緊急事態措置の実施に当たって、その備蓄する物資又は資材が不足し、新型インフルエンザ等緊急事態措置を的確かつ迅速に実施することが困難であると認めるときは、特定都道府県知事にあっては指定行政機関の長又は指定地方行政機関の長に対し、特定市町村長にあっては特定都道府県知事に対し、それぞれ必要な物資又は資材の供給について必要な措置を講ずるよう要請することができる。

（備蓄物資等の供給に関する相互協力）

第五十一条　指定行政機関の長等は、新型インフルエンザ等緊急事態において、その備蓄

する物資及び資材の供給に関し、相互に協力するよう努めなければならない。

（電気及びガス並びに水の安定的な供給）

第五十二条　電気事業者（電気事業法（昭和三十九年法律第百七十号）第二条第一項第十七号に規定する電気事業者をいう。）及びガス事業者（ガス事業法（昭和二十九年法律第五十一号）第二条第十二項に規定するガス事業者をいう。）である指定公共機関及び指定地方公共機関は、新型インフルエンザ等緊急事態において、それぞれその業務計画で定めるところにより、電気及びガスを安定的かつ適切に供給するため必要な措置を講じなければならない。

2　水道事業者（水道法（昭和三十二年法律第百七十七号）第三条第五項に規定する水道事業者をいう。）、水道用水供給事業者（同項に規定する水道用水供給事業者をいう。）及び工業用水道事業者（工業用水道事業法（昭和三十三年法律第八十四号）第二条第五項に規定する工業用水道事業者をいう。）である地方公共団体及び指定地方公共機関は、新型インフルエンザ等緊急事態において、それぞれその都道府県行動計画、市町村行動計画又は業務計画で定めるところにより、水を安定的かつ適切に供給するため必要な措置を講じなければならない。

　　　　　（平二六法七二・平二七法四七・一部改正）

（運送、通信及び郵便等の確保）

第五十三条　運送事業者である指定公共機関及び指定地方公共機関は、新型インフルエンザ等緊急事態において、それぞれその業務計画で定めるところにより、旅客及び貨物の運送を適切に実施するため必要な措置を講じなければならない。

2　電気通信事業者（電気通信事業法（昭和五十九年法律第八十六号）第二条第五号に規定する電気通信事業者をいう。）である指定公共機関及び指定地方公共機関は、新型インフルエンザ等緊急事態において、それぞれその業務計画で定めるところにより、通信を確保し、及び新型インフルエンザ等緊急事態措置の実施に必要な通信を優先的に取り扱うため必要な措置を講じなければならない。

3　郵便事業を営む者及び一般信書便事業者（民間事業者による信書の送達に関する法律（平成十四年法律第九十九号）第二条第六項に規定する一般信書便事業者をいう。）である指定公共機関及び指定地方公共機関は、新型インフルエンザ等緊急事態において、それぞれその業務計画で定めるところにより、郵便及び信書便を確保するため必要な措置を講じなければならない。

（緊急物資の運送等）

第五十四条　指定行政機関の長若しくは指定地方行政機関の長又は特定都道府県知事は、新型インフルエンザ等緊急事態措置の実施のため緊急の必要があると認めるときは、指定行政機関の長及び指定地方行政機関の長にあっては運送事業者である指定公共機関に対し、特定都道府県知事にあっては運送事業者である指定公共機関又は指定地方公共機関に対し、運送すべき物資並びに運送すべき場所及び期日を示して、新型インフルエンザ等緊急事態措置の実施に必要な物資及び資材（第三項において「緊急物資」という。）の運送を要請することができる。

2　指定行政機関の長若しくは指定地方行政機関の長又は特定都道府県知事は、新型インフルエンザ等緊急事態措置の実施のため緊急の必要があると認めるときは、指定行政機関の長及び指定地方行政機関の長にあっては医薬品等販売業者である指定公共機関に対し、特定都道府県知事にあっては医薬品等販売業者である指定公共機関又は指定地方公共機関に対し、配送すべき医薬品、医療機器又は再生医療等製品並びに配送すべき場所及び期日を示して、新型インフルエンザ等緊急事態措置の実施に必要な医薬品、医療機器又は再生医療等製品の配送を要請することができる。

3　指定公共機関又は指定地方公共機関が正当な理由がないのに前二項の規定による要請に応じないときは、指定行政機関の長若しくは指定地方行政機関の長又は特定都道府県知事は、新型インフルエンザ等緊急事態措置の実施のため特に必要があると認めるときに限り、当該指定公共機関又は指定地方公共機関に対し、緊急物資の運送又は医薬品、医療機器若しくは再生医療等製品の配送を行うべきことを指示することができる。この場合においては、前二項の事項を書面で示さなければならない。

　　　（平二五法八四・一部改正）

（物資の売渡しの要請等）

第五十五条　特定都道府県知事は、新型インフルエンザ等緊急事態措置を実施するため必要があると認めるときは、新型インフルエンザ等緊急事態措置の実施に必要な物資（医薬品、食品その他の政令で定める物資に限る。）であって生産、集荷、販売、配給、保管又は輸送を業とする者が取り扱うもの（以下「特定物資」という。）について、その所有者に対し、当該特定物資の売渡しを要請することができる。

2　特定物資の所有者が正当な理由がないのに前項の規定による要請に応じないときは、特定都道府県知事は、新型インフルエンザ等緊急事態措置を実施するため特に必要があ

ると認めるときに限り、当該特定物資を収用することができる。

3　特定都道府県知事は、新型インフルエンザ等緊急事態措置を実施するに当たり、特定物資を確保するため緊急の必要があると認めるときは、当該特定物資の生産、集荷、販売、配給、保管又は輸送を業とする者に対し、その取り扱う特定物資の保管を命ずることができる。

4　指定行政機関の長又は指定地方行政機関の長は、特定都道府県知事の行う新型インフルエンザ等緊急事態措置を支援するため緊急の必要があると認めるとき、又は特定都道府県知事から要請があったときは、自ら前三項の規定による措置を行うことができる。

（埋葬及び火葬の特例等）

第五十六条　厚生労働大臣は、新型インフルエンザ等緊急事態において、埋葬又は火葬を円滑に行うことが困難となった場合において、公衆衛生上の危害の発生を防止するため緊急の必要があると認めるときは、政令で定めるところにより、厚生労働大臣の定める期間に限り、墓地、埋葬等に関する法律（昭和二十三年法律第四十八号）第五条及び第十四条に規定する手続の特例を定めることができる。

2　特定都道府県知事は、埋葬又は火葬を行おうとする者が埋葬又は火葬を行うことが困難な場合において、公衆衛生上の危害の発生を防止するため緊急の必要があると認めるときは、厚生労働大臣の定めるところにより、埋葬又は火葬を行わなければならない。

3　特定都道府県知事は、埋葬又は火葬を迅速に行うため必要があると認めるときは、政令で定めるところにより、前項の措置の実施に関する事務の一部を特定市町村長が行うこととすることができる。

（新型インフルエンザ等の患者等の権利利益の保全等）

第五十七条　特定非常災害の被害者の権利利益の保全等を図るための特別措置に関する法律（平成八年法律第八十五号）第二条から第五条まで及び第七条の規定は、新型インフルエンザ等緊急事態（新型インフルエンザ等が全国的かつ急速にまん延し、国民生活及び国民経済に甚大な影響を及ぼしている場合に限る。）について準用する。この場合において、同法第二条の見出し中「特定非常災害」とあるのは「特定新型インフルエンザ等緊急事態」と、同条第一項中「非常災害の被害者」とあるのは「新型インフルエンザ等のまん延の影響を受けた者」と、「法人の存立、当該非常災害により相続の承認若しくは放棄をすべきか否かの判断を的確に行うことが困難となった者の保護、」とあるのは「法人の存立若しくは」と、「解決若しくは当該非常災害に係る応急仮設住宅の入

居者の居住の安定」とあるのは「解決」と、「特定非常災害として」とあるのは「特定新型インフルエンザ等緊急事態として」と、「特定非常災害が」とあるのは「特定新型インフルエンザ等緊急事態が」と、同項並びに同法第三条第一項、第四条第一項、第五条第一項及び第五項並びに第七条中「特定非常災害発生日」とあるのは「特定新型インフルエンザ等緊急事態発生日」と、同法第二条第二項、第四条第一項及び第二項、第五条第一項並びに第七条中「特定非常災害に」とあるのは「特定新型インフルエンザ等緊急事態に」と、同法第三条第一項及び第三項中「特定非常災害の被害者」とあるのは「特定新型インフルエンザ等緊急事態における新型インフルエンザ等のまん延の影響を受けた者」と読み替えるものとする。

　　　（平二五法五四・一部改正）

（金銭債務の支払猶予等）

第五十八条　内閣は、新型インフルエンザ等緊急事態において、新型インフルエンザ等の急速かつ広範囲なまん延により経済活動が著しく停滞し、かつ、国の経済の秩序を維持し及び公共の福祉を確保するため緊急の必要がある場合において、国会が閉会中又は衆議院が解散中であり、かつ、臨時会の召集を決定し、又は参議院の緊急集会を求めてその措置を待ついとまがないときは、金銭債務の支払（賃金その他の労働関係に基づく金銭債務の支払及びその支払のためにする銀行その他の金融機関の預金等の支払を除く。）の延期及び権利の保存期間の延長について必要な措置を講ずるため、政令を制定することができる。

2　災害対策基本法第百九条第三項から第七項までの規定は、前項の場合について準用する。

（生活関連物資等の価格の安定等）

第五十九条　指定行政機関の長及び指定地方行政機関の長並びに地方公共団体の長は、新型インフルエンザ等緊急事態において、国民生活との関連性が高い物資若しくは役務又は国民経済上重要な物資若しくは役務の価格の高騰又は供給不足が生じ、又は生ずるおそれがあるときは、政府行動計画、都道府県行動計画又は市町村行動計画で定めるところにより、生活関連物資等の買占め及び売惜しみに対する緊急措置に関する法律（昭和四十八年法律第四十八号）、国民生活安定緊急措置法（昭和四十八年法律第百二十一号）、物価統制令（昭和二十一年勅令第百十八号）その他法令の規定に基づく措置その他適切な措置を講じなければならない。

（新型インフルエンザ等緊急事態に関する融資）

第六十条　政府関係金融機関その他これに準ずる政令で定める金融機関は、新型インフル
エンザ等緊急事態において、新型インフルエンザ等緊急事態に関する特別の金融を行
い、償還期限又は据置期間の延長、旧債の借換え、必要がある場合における利率の低減
その他実情に応じ適切な措置を講ずるよう努めるものとする。

（通貨及び金融の安定）

第六十一条　日本銀行は、新型インフルエンザ等緊急事態において、その業務計画で定め
るところにより、銀行券の発行並びに通貨及び金融の調節を行うとともに、銀行その他
の金融機関の間で行われる資金決済の円滑の確保を通じ、信用秩序の維持に資するため
必要な措置を講じなければならない。

　　　　第五章　財政上の措置等

（損失補償等）

第六十二条　国及び都道府県は、第二十九条第五項、第四十九条又は第五十五条第二項、
第三項若しくは第四項（同条第一項に係る部分を除く。）の規定による処分が行われた
ときは、それぞれ、当該処分により通常生ずべき損失を補償しなければならない。

2　国及び都道府県は、第三十一条第一項若しくは第二項（第四十六条第六項において読
み替えて準用する場合を含む。）の規定による要請に応じ、又は第三十一条第三項（第
四十六条第六項において読み替えて準用する場合を含む。）の規定による指示に従って
患者等に対する医療等を行う医療関係者に対して、政令で定める基準に従い、その実費
を弁償しなければならない。

3　前二項の規定の実施に関し必要な手続は、政令で定める。

（損害補償）

第六十三条　都道府県は、第三十一条第一項の規定による要請に応じ、又は同条第三項の
規定による指示に従って患者等に対する医療の提供を行う医療関係者が、そのため死亡
し、負傷し、若しくは疾病にかかり、又は障害の状態となったときは、政令で定めると
ころにより、その者又はその者の遺族若しくは被扶養者がこれらの原因によって受ける
損害を補償しなければならない。

2　前項の規定の実施に関し必要な手続は、政令で定める。

（医薬品等の譲渡等の特例）

第六十四条　厚生労働大臣は、新型インフルエンザ等のまん延を防止し、国民生活及び国

民経済の混乱を回避するため必要があると認めるときは、厚生労働省令で定めるところにより、新型インフルエンザ等対策の実施に必要な医薬品その他の物資を無償又は時価よりも低い対価で譲渡し、貸し付け、又は使用させることができる。

(新型インフルエンザ等緊急事態措置等に要する費用の支弁)

第六十五条　法令に特別の定めがある場合を除き、新型インフルエンザ等緊急事態措置その他この法律の規定に基づいて実施する措置に要する費用は、その実施について責任を有する者が支弁する。

(特定都道府県知事が特定市町村長の措置を代行した場合の費用の支弁)

第六十六条　第三十八条第二項の規定により特定都道府県知事が特定市町村の新型インフルエンザ等緊急事態措置を代行した場合において、当該特定市町村がその全部又は大部分の事務を行うことができなくなる前に当該特定市町村の長が実施した新型インフルエンザ等緊急事態措置のために通常要する費用で、当該特定市町村に支弁させることが困難であると認められるものについては、当該特定市町村の属する特定都道府県が支弁する。

(他の地方公共団体の長等の応援に要する費用の支弁)

第六十七条　第三十九条第一項若しくは第二項又は第四十条の規定により他の地方公共団体の長等の応援を受けた特定都道府県知事等の属する特定都道府県又は当該応援を受けた特定市町村長等の属する特定市町村は、当該応援に要した費用を支弁しなければならない。

2　前項の場合において、当該応援を受けた特定都道府県知事等の属する特定都道府県又は当該応援を受けた特定市町村長等の属する特定市町村が当該費用を支弁するいとまがないときは、当該特定都道府県又は当該特定市町村は、当該応援をする他の地方公共団体の長等が属する地方公共団体に対し、当該費用を一時的に立て替えて支弁するよう求めることができる。

(特定市町村長が特定都道府県知事の措置の実施に関する事務の一部を行う場合の費用の支弁)

第六十八条　特定都道府県は、特定都道府県知事が第四十八条第二項又は第五十六条第三項の規定によりその権限に属する措置の実施に関する事務の一部を特定市町村長が行うこととしたときは、当該特定市町村長による当該措置の実施に要する費用を支弁しなければならない。

2　特定都道府県知事は、第四十八条第二項若しくは第五十六条第三項の規定によりその権限に属する措置の実施に関する事務の一部を特定市町村長が行うこととしたとき、又は特定都道府県が当該措置の実施に要する費用を支弁するいとまがないときは、特定市町村に当該措置の実施に要する費用を一時的に立て替えて支弁させることができる。

（国等の負担）

第六十九条　国は、第六十五条の規定により都道府県が支弁する第四十八条第一項、第五十六条第二項、第六十二条第一項及び第二項並びに第六十三条第一項に規定する措置に要する費用に対して、政令で定めるところにより、次の各号に掲げる場合に応じ、それぞれ当該各号に定める額を負担する。

　一　当該費用の総額が、第十五条第一項の規定により政府対策本部が設置された年の四月一日の属する会計年度（次号において「当該年度」という。）における当該都道府県の標準税収入（公共土木施設災害復旧事業費国庫負担法（昭和二十六年法律第九十七号）第二条第四項に規定する標準税収入をいう。次号において同じ。）の百分の二に相当する額以下の場合　当該費用の総額の百分の五十に相当する額

　二　当該費用の総額が当該年度における当該都道府県の標準税収入の百分の二に相当する額を超える場合　イからハまでに掲げる額の合計額

　　イ　当該費用の総額のうち当該年度における当該都道府県の標準税収入の百分の二の部分の額の百分の五十に相当する額

　　ロ　当該費用の総額のうち当該年度における当該都道府県の標準税収入の百分の二を超え、百分の四以下の部分の額の百分の八十に相当する額

　　ハ　当該費用の総額のうち当該年度における当該都道府県の標準税収入の百分の四を超える部分の額の百分の九十に相当する額

2　前項の規定は、第四十六条第三項の規定により読み替えて適用する予防接種法第二十五条の規定により市町村が支弁する同項の規定により読み替えて適用する同法第六条第一項の規定による予防接種を行うために要する費用及び当該予防接種に係る同法第十五条第一項の規定による給付に要する費用について準用する。この場合において、前項中「当該都道府県」とあるのは「当該市町村」と、「百分の二」とあるのは「百分の一」と、同項第二号中「百分の四」とあるのは「百分の二」と読み替えるものとする。

3　都道府県は、第四十六条第三項の規定により読み替えて適用する予防接種法第二十五

条の規定により市町村が支弁する費用の額から前項において読み替えて準用する第一項の規定により国が負担する額を控除した額に二分の一を乗じて得た額を負担する。

　　　　　（平二五法八・一部改正）

（新型インフルエンザ等緊急事態に対処するための国の財政上の措置）

第七十条　国は、前条に定めるもののほか、予防接種の実施その他新型インフルエンザ等緊急事態に対処するために地方公共団体が支弁する費用に対し、必要な財政上の措置を講ずるものとする。

　　　　第六章　雑則

（公用令書の交付）

第七十一条　第二十九条第五項、第四十九条第二項並びに第五十五条第二項、第三項及び第四項（同条第一項に係る部分を除く。）の規定による処分については、特定検疫所長、特定都道府県知事並びに指定行政機関の長及び指定地方行政機関の長は、政令で定めるところにより、それぞれ公用令書を交付して行わなければならない。ただし、土地の使用に際して公用令書を交付すべき相手方の所在が不明である場合その他の政令で定める場合にあっては、政令で定めるところにより事後に交付すれば足りる。

2　災害対策基本法第八十一条第二項及び第三項の規定は、前項の場合について準用する。

（立入検査等）

第七十二条　特定都道府県知事又は指定行政機関の長若しくは指定地方行政機関の長は、第四十九条の規定により土地等を使用し、又は第五十五条第二項若しくは第四項の規定により特定物資を収用し、若しくは同条第三項若しくは第四項の規定により特定物資の保管を命ずるため必要があるときは、その職員に当該土地若しくは家屋又は当該物資若しくは当該特定物資の所在する場所若しくは当該特定物資を保管させる場所に立ち入り、当該土地、家屋、物資又は特定物資の状況を検査させることができる。

2　特定都道府県知事又は指定行政機関の長若しくは指定地方行政機関の長は、第五十五条第三項又は第四項の規定により特定物資を保管させたときは、当該保管を命じた者に対し必要な報告を求め、又はその職員に当該特定物資を保管させてある場所に立ち入り、当該特定物資の保管の状況を検査させることができる。

3　前二項の規定により特定都道府県又は指定行政機関若しくは指定地方行政機関の職員が立ち入る場合においては、当該職員は、あらかじめ、その旨をその場所の管理者に

通知しなければならない。

4　前項の場合において、その職員は、その身分を示す証明書を携帯し、関係人にこれを提示しなければならない。

5　第一項及び第二項の規定による立入検査の権限は、犯罪捜査のために認められたものと解してはならない。

（特別区についてのこの法律の適用）

第七十三条　この法律（第四十八条第七項を除く。）の適用については、特別区は、市とみなす。

（事務の区分）

第七十四条　この法律の規定により地方公共団体が処理することとされている事務（都道府県警察が処理することとされているものを除く。）は、地方自治法第二条第九項第一号に規定する第一号法定受託事務とする。

（政令への委任）

第七十五条　この法律に定めるもののほか、この法律の実施のための手続その他この法律の施行に関し必要な事項は、政令で定める。

　　　第七章　罰則

第七十六条　第五十五条第三項の規定による特定都道府県知事の命令又は同条第四項の規定による指定行政機関の長若しくは指定地方行政機関の長の命令に従わず、特定物資を隠匿し、損壊し、廃棄し、又は搬出した者は、六月以下の懲役又は三十万円以下の罰金に処する。

第七十七条　第七十二条第一項若しくは第二項の規定による立入検査を拒み、妨げ、若しくは忌避し、又は同項の規定による報告をせず、若しくは虚偽の報告をした者は、三十万円以下の罰金に処する。

第七十八条　法人の代表者又は法人若しくは人の代理人、使用人その他の従業者が、その法人又は人の業務に関し、前二条の違反行為をしたときは、行為者を罰するほか、その法人又は人に対しても、各本条の罰金刑を科する。

　　　附　則　抄

（施行期日）

第一条　この法律は、公布の日から起算して一年を超えない範囲内において政令で定める日から施行する。

（新型コロナウイルス感染症に関する特例）

第一条の二　新型コロナウイルス感染症（病原体がベータコロナウイルス属のコロナウイルス（令和二年一月に、中華人民共和国から世界保健機関に対して、人に伝染する能力を有することが新たに報告されたものに限る。）であるものに限る。第三項において同じ。）については、新型インフルエンザ等対策特別措置法の一部を改正する法律（令和二年法律第四号。同項において「改正法」という。）の施行の日から起算して二年を超えない範囲内において政令で定める日までの間は、第二条第一号に規定する新型インフルエンザ等とみなして、この法律及びこの法律に基づく命令（告示を含む。）の規定を適用する。

　　　　　（政令で定める日＝令和二年政令第四五号で、令和三年一月三一日）

2　前項の場合におけるこの法律の規定の適用については、第十四条中「とき」とあるのは、「とき（新型コロナウイルス感染症（病原体がベータコロナウイルス属のコロナウイルス（令和二年一月に、中華人民共和国から世界保健機関に対して、人に伝染する能力を有することが新たに報告されたものに限る。）であるものに限る。）にあっては、そのまん延のおそれが高いと認めるとき）」とする。

3　前項に定めるもののほか、第一項の場合において、改正法の施行前に作成された政府行動計画、都道府県行動計画、市町村行動計画及び業務計画（以下この項において「行動計画等」という。）に定められていた新型インフルエンザ等に関する事項は、新型コロナウイルス感染症を含む新型インフルエンザ等に関する事項として行動計画等に定められているものとみなす。

　　　　　（令二法四・追加）

（検討）

第二条　政府は、この法律の施行後適当な時期において、この法律の施行の状況を勘案し、必要があると認めるときは、この法律の規定について検討を加え、その結果に基づいて所要の措置を講ずるものとする。

　　　　附　則　（平成二五年三月三〇日法律第八号）　抄

（施行期日）

第一条　この法律は、平成二十五年四月一日から施行する。ただし、附則第六条及び第十九条の規定は、公布の日から施行する。

（政令への委任）

第十九条　この附則に定めるもののほか、この法律の施行に関し必要な経過措置は、政令
で定める。

　　　附　則　（平成二五年六月一四日法律第四四号）　抄

（施行期日）

第一条　この法律は、公布の日から施行する。ただし、次の各号に掲げる規定は、当該各
号に定める日から施行する。

　一　略

　二　第一条、第五条、第七条（消防組織法第十五条の改正規定に限る。）、第九条、第十
条、第十四条（地方独立行政法人法目次の改正規定（「第六章　移行型地方独立行政
法人の設立に伴う措置（第五十九条─第六十七条）」を「/第六章　移行型地方独立行
政法人の設立に伴う措置（第五十九条─第六十七条）/第六章の二　特定地方独立行
政法人から一般地方独立行政法人への移行に伴う措置（第六十七条の二─第六十七条
の七）/」に改める部分に限る。）、同法第八条、第五十五条及び第五十九条第一項の
改正規定並びに同法第六章の次に一章を加える改正規定を除く。）、第十五条、第
二十二条（民生委員法第四条の改正規定に限る。）、第三十六条、第四十条（森林法第
七十条第一項の改正規定に限る。）、第五十条（建設業法第二十五条の二第一項の改正
規定に限る。）、第五十一条、第五十二条（建築基準法第七十九条第一項の改正規定に
限る。）、第五十三条、第六十一条（都市計画法第七十八条第二項の改正規定に限る。）、
第六十二条、第六十五条（国土利用計画法第十五条第二項の改正規定を除く。）及び
第七十二条の規定並びに次条、附則第三条第二項、第四条、第六条第二項及び第三
項、第十三条、第十四条（地方公務員等共済組合法（昭和三十七年法律第百五十二
号）第百四十一条の二の次に二条を加える改正規定中第百四十一条の四に係る部分に
限る。）、第十六条並びに第十八条の規定　平成二十六年四月一日

　　　附　則　（平成二五年六月二一日法律第五四号）　抄

（施行期日）

第一条　この法律は、公布の日から施行する。

（政令への委任）

第二十二条　この附則に定めるもののほか、この法律の施行に関し必要な経過措置は、政
令で定める。

附　則　（平成二五年一一月二七日法律第八四号）　抄

（施行期日）

第一条　この法律は、公布の日から起算して一年を超えない範囲内において政令で定める日から施行する。ただし、附則第六十四条、第六十六条及び第百二条の規定は、公布の日から施行する。

　　　（平成二六年政令第二六八号で平成二六年一一月二五日から施行）

　　　（平二五法一〇三・一部改正）

（処分等の効力）

第百条　この法律の施行前に改正前のそれぞれの法律（これに基づく命令を含む。以下この条において同じ。）の規定によってした処分、手続その他の行為であって、改正後のそれぞれの法律の規定に相当の規定があるものは、この附則に別段の定めがあるものを除き、改正後のそれぞれの法律の相当の規定によってしたものとみなす。

　　　（平二五法一〇三・旧第九十九条繰下）

（罰則に関する経過措置）

第百一条　この法律の施行前にした行為及びこの法律の規定によりなお従前の例によることとされる場合におけるこの法律の施行後にした行為に対する罰則の適用については、なお従前の例による。

　　　（平二五法一〇三・旧第百条繰下）

（政令への委任）

第百二条　この附則に規定するもののほか、この法律の施行に伴い必要な経過措置（罰則に関する経過措置を含む。）は、政令で定める。

　　　（平二五法一〇三・旧第百一条繰下）

　　　附　則　（平成二五年一二月一三日法律第一〇三号）　抄

（施行期日）

第一条　この法律は、公布の日から起算して六月を超えない範囲内において政令で定める日から施行する。ただし、次の各号に掲げる規定は、当該各号に定める日から施行する。

一　略

二　附則第十七条の規定　薬事法等の一部を改正する法律（平成二十五年法律第八十四号）の公布の日又はこの法律の公布の日のいずれか遅い日

　　　（この法律の公布の日＝平成二五年一二月一三日）

　　　附　　則　（平成二六年六月一三日法律第六七号）　抄

（施行期日）

第一条　この法律は、独立行政法人通則法の一部を改正する法律（平成二十六年法律第
　六十六号。以下「通則法改正法」という。）の施行の日から施行する。ただし、次の各
　号に掲げる規定は、当該各号に定める日から施行する。

　　　（施行の日＝平成二七年四月一日）

一　附則第十四条第二項、第十八条及び第三十条の規定　公布の日

（処分等の効力）

第二十八条　この法律の施行前にこの法律による改正前のそれぞれの法律（これに基づく
　命令を含む。）の規定によってした又はすべき処分、手続その他の行為であってこの法
　律による改正後のそれぞれの法律（これに基づく命令を含む。以下この条において「新
　法令」という。）に相当の規定があるものは、法律（これに基づく政令を含む。）に別段
　の定めのあるものを除き、新法令の相当の規定によってした又はすべき処分、手続その
　他の行為とみなす。

（罰則に関する経過措置）

第二十九条　この法律の施行前にした行為及びこの附則の規定によりなおその効力を有
　することとされる場合におけるこの法律の施行後にした行為に対する罰則の適用につ
　いては、なお従前の例による。

（その他の経過措置の政令等への委任）

第三十条　附則第三条から前条までに定めるもののほか、この法律の施行に関し必要な経
　過措置（罰則に関する経過措置を含む。）は、政令（人事院の所掌する事項については、
　人事院規則）で定める。

　　　附　　則　（平成二六年六月一八日法律第七二号）　抄

（施行期日）

第一条　この法律は、公布の日から起算して二年六月を超えない範囲内において政令で定
　める日から施行する。

　　　（平成二七年政令第二六七号で平成二八年四月一日から施行）

　　　附　　則　（平成二七年六月二四日法律第四七号）　抄

（施行期日）

第一条　この法律は、平成三十二年四月一日から施行する。ただし、次の各号に掲げる規定は、当該各号に定める日から施行する。

　一から四まで　略

　五　第二条の規定（第三号に掲げる改正規定を除く。）及び第五条の規定並びに附則第十二条から第十五条まで、第十七条、第二十条、第二十一条、第二十二条（第六項を除く。）、第二十三条から第二十五条まで、第二十七条（附則第二十四条第一項に係る部分に限る。）、第二十八条（第五項を除く。）、第二十九条から第三十一条まで、第三十三条、第三十四条、第三十六条（附則第二十二条第一項及び第二項、第二十三条第一項、第二十四条第一項、第二十五条、第二十八条第一項及び第二項、第二十九条第一項、第三十条第一項及び第三十一条に係る部分に限る。）、第三十七条、第三十八条、第四十一条（第四項を除く。）、第四十二条、第四十三条、第四十五条（第四号から第六号までに係る部分に限る。）、第四十六条（附則第四十三条及び第四十五条（第四号から第六号までに係る部分に限る。）に係る部分に限る。）、第四十七条、第四十八条及び第七十五条の規定、附則第七十七条中地方税法（昭和二十五年法律第二百二十六号）第三百四十九条の三第三項及び第七百一条の三十四第三項第十七号の改正規定、附則第七十八条第一項から第六項まで及び第七十九条から第八十二条までの規定、附則第八十三条中法人税法（昭和四十年法律第三十四号）第四十五条第一項の改正規定（同項第二号に係る部分に限る。）、附則第八十五条中登録免許税法別表第一第百一号の改正規定及び同表第百四号（八）の改正規定、附則第八十七条の規定、附則第八十八条中電源開発促進税法（昭和四十九年法律第七十九号）第二条第三号イの改正規定（「発電量調整供給」を「電力量調整供給」に改める部分に限る。）並びに附則第九十条から第九十五条まで及び第九十七条の規定　公布の日から起算して二年六月を超えない範囲内において政令で定める日

　　　（平成二八年政令第二二九号で平成二九年四月一日から施行）

　　　附　則　（平成三〇年六月二七日法律第六七号）　抄

（施行期日）

第一条　この法律は、公布の日から起算して一年を超えない範囲内において政令で定める日から施行する。

　　　（令和元年政令第二九号で令和元年六月二五日から施行）

　　　附　則　（令和二年三月一三日法律第四号）

この法律は、公布の日の翌日から施行する。

コロナ禍における選挙管理執行の実務

無 断 禁 転   令和 2 年 9 月 18 日発行

一般社団法人 選挙制度実務研究会 編
発 行 人／中 島 孝 司
発　　　行／株式会社 国政情報センター
〒150-0044 東京都渋谷区円山町5−4道玄坂ビル
電　話　03−3476−4111
FAX　03−3476−4842
振替口座　00150−1−24932

定　価　2,200円(本体価格)＋税　乱丁・落丁本はお取替えいたします。
ISBN978-4-87760-317-5 C3031 ￥2200E